DESIGN
INSTRUCIONAL

ELISANGELA SILVA

DESIGN INSTRUCIONAL

2022

Freitas Bastos Editora

Copyright © 2022 by Elisangela Silva

Todos os direitos reservados e protegidos pela Lei 9.610, de 19.2.1998. É proibida a reprodução total ou parcial, por quaisquer meios, bem como a produção de apostilas, sem autorização prévia, por escrito, da Editora. Direitos exclusivos da edição e distribuição em língua portuguesa:

Maria Augusta Delgado Livraria, Distribuidora e Editora

Editor: Isaac D. Abulafia
Diagramação e Capa: Madalena Araújo

Dados Internacionais de Catalogação na Publicação (CIP) de acordo com ISBD

S586d	Silva, Elisangela
	Design Instrucional / Elisangela Silva. - Rio de Janeiro : Freitas Bastos, 2022.
	160 p. ; 15,5cm x 23cm.
	ISBN: 978-65-5675-224-2
	1. Educação. 2. Design Instrucional. 3. Planejamento. I. Título.
2022-3083	CDD 370 CDU 37

Elaborado por Odilio Hilario Moreira Junior - CRB-8/9949

Índice para catálogo sistemático:
1. Educação 370
2. Educação 37

Freitas Bastos Editora
atendimento@freitasbastos.com
www.freitasbastos.com

Dedico a todos os profissionais da área educacional
que, diante das dificuldades da pandemia do
coronavírus, encontraram forças descomunais para
manter a aprendizagem ativa em seus alunos.

SUMÁRIO

CAPÍTULO 1

19 A EDUCAÇÃO A DISTÂNCIA

1.1 FLEXIBILIDADE **20**

1.2 CUSTO-BENEFÍCIO **20**

1.3 INTERAÇÃO GLOBAL **21**

CAPÍTULO 2

23 O ALUNO DA EAD

2.1 ANDRAGOGIA..**24**

    2.1.1 Autonomia 25

    2.1.2 Experiência 25

    2.1.3 Similaridade à realidade................................25

    2.1.4 Aplicação 25

    2.1.5 Motivação...26

2.2 HEUTAGOGIA..**26**

CAPÍTULO 3

29 ORIGEM DO DESIGN
INSTRUCIONAL

CAPÍTULO 4

33 CONCEITOS

CAPÍTULO 5

39 TIPOS DE DESIGN
INSTRUCIONAL

5.1 FIXO **39**

5.2 ABERTO **40**

5.3 CONTEXTUALIZADO **41**

CAPÍTULO 6

43 COMPETÊNCIAS DO
PROFISSIONAL DE DESIGN
INSTRUCIONAL

CAPÍTULO 7

47 MERCADO DE TRABALHO

7.1 COMPREENSÃO DO DESIGN INSTRUCIONAL ...**48**

7.2 PESQUISA **50**

7.3 SAÚDE MENTAL **51**

7.4 FERRAMENTAS **51**

7.5 MARCA PESSOAL **52**

CAPÍTULO 8

55 REMUNERAÇÃO DO DESIGNER INSTRUCIONAL

CAPÍTULO 9

59 EMPRESAS QUE CONTRATAM O PROFISSIONAL DI

9.1 FÁBRICAS DE CONTEÚDOS **59**

9.2 EMPRESAS CORPORATIVAS **60**

9.3 INSTITUIÇÕES DE ENSINO **60**

CAPÍTULO 10

65 PORTFÓLIO

10.1 ORGANIZAR **66**

10.2 APRESENTAÇÃO **66**

10.3 PLATAFORMA **67**

10.4 ATUALIZAÇÃO **69**

10.5 DIVULGAÇÃO **69**

CAPÍTULO 11

71 FERRAMENTAS DE TRABALHO

11.1 TAXONOMIA DE BLOOM TRADICIONAL E
REVISADA **73**

11.1.1 Domínio cognitivo 73

11.1.2 Domínio afetivo 78

11.1.3 Domínio psicomotor 79

11.2 MATRIZ DE DI **79**

11.2.1 Título..80

11.2.2 Descrição..80

11.2.3 Objetivo geral...80

11.2.4 Carga horária..81

11.2.5 Público-alvo..81

11.2.6 Metodologia...82

11.2.7 Recursos 82

11.2.8 Unidades 82

11.3 TEXTO...**84**

11.3.1 Dialogicidade..84

11.3.2 Caixas de destaque 85

11.3.3 Marcadores..86

11.3.4 Gráficos e tabelas...87

11.3.5 Estímulos empáticos..87

11.3.6 Glossário..88

11.3.7 Linguagem neutra 88

11.3.8 *Call to action* (CTA) 92

93

CAPÍTULO 12
PLATAFORMAS DE DISTRIBUIÇÃO

95

CAPÍTULO 13
FERRAMENTAS DE AUTORIA

13.1 *Adobe Captivate* *95*

13.2 *Articulate*..*96*

13.3 *Genial.ly*..*97*

13.4 *H5P*...*99*

CAPÍTULO 14

103

ELEMENTOS DE COMPOSIÇÃO DO PROJETO

14.1 VÍDEO E VIDEOAULA **104**

14.2 SIMULAÇÃO **106**

14.3 *PODCAST*...**106**

14.4 FÓRUM **107**

14.5 *EBOOK* **108**

14.6 INFOGRÁFICO..**108**

14.7 *STORYBOARD*...**110**

CAPÍTULO 15

113

TIPOS DE AVALIAÇÃO

15.1 DIAGNÓSTICA...**113**

15.2 SOMATIVA **113**

15.3 FORMATIVA..**114**

CAPÍTULO 16

115

METODOLOGIAS

16.1 *ADDIE*..**115**

    16.1.1 A – *Analyze*, Análise 116

    16.1.2 D – *Design*, Desenho..................................116

    16.1.3 D – *Develop*, Desenvolvimento....................116

    16.1.4 I – *Implement*, Implementação 116

    16.1.5 E – *Evaluate*, Avaliação 117

16.2 *SUCCESSIVE APPROXIMATION MODEL* (SAM)......**117**

16.3 *KANBAM*..**117**

16.4 *LEAN* **118**

16.5 *SCRUM* **118**

16.6 *DESIGN THINKING* (DT) **118**

    16.6.1 Empatia 120
    16.6.2 Definição 120
    16.6.3 Idealizar 121
    16.6.4 Prototipar 121
    16.6.5 Testar 121

16.7 *TRAHENTEM* **122**

16.8 *BLENDED LEARNING* **122**

16.9 GAMIFICAÇÃO **123**

16.10 *PROJECT BASED LEARNING* (PBL) **125**

16.11 *TEAM BASED LEARNING* (TBL) **125**

127

CAPÍTULO 17

ÁREAS DE APOIO

17.1 CONTEUDISTA **127**

17.2 *DESIGNER* GRÁFICO E *WEB DESIGNER* **128**

17.3 DIAGRAMADOR **128**

17.4 ILUSTRADOR **128**

17.5 PROGRAMADOR **129**

17.6 LOCUTOR **129**

17.7 GERENTE DE PROJETOS **129**

17.8 PEDAGOGO **130**

17.9 *USER EXPERIENCE* (UX) **130**

CAPÍTULO 18

133 TECNOLOGIAS

18.1 EDUCAÇÃO 3.0 E ALÉM **134**

18.2 INTELIGÊNCIA ARTIFICIAL **137**

18.2.1 Aprendizagem Adaptativa...138
18.2.2 *Big Data* *139*
18.2.3 *Machine Learning*...*139*

18.3 REALIDADE VIRTUAL E AUMENTADA **140**

CAPÍTULO 19

149 O FUTURO DO DESIGN INSTRUCIONAL

19.1 IDIOMAS **150**

19.2 LINGUAGEM DE PROGRAMAÇÃO....................**152**

19.3 *LIFELONG LEARNING* RESOLUTIVO **152**

19.4 CARACTERÍSTICAS FUNDAMENTAIS **153**

19.4.1 Gerenciamento..153
19.4.2 Criatividade 154
19.4.3 Social...154

157 REFERÊNCIAS

LISTA DE SIGLAS

ABED Associação Brasileira de Educação a Distância

DI *Design* Instrucional/*Designer* Instrucional

DE *Design* Educacional/*Designer* Educacional

DA *Design* de Aprendizagem/*Designer* de Aprendizagem

IA Inteligência Artificial

IBSTPI *International Board of Standards for Training, Performance and Instruction*

LXD *Learning Experience Design, Design* da Experiência de Aprendizagem

UX *User Experience*

UI *User Interface*

RA Realidade Aumentada

RE Realidade Estendida

RM Realidade Mista

RV Realidade Virtual

A AUTORA

Elisangela Silva é *Designer* Instrucional desde 2015, iniciou sua trajetória acadêmica na área de Letras, pela FAE *Business School* e, posteriormente, especializou-se em Tutoria em Educação a Distância pela Universidade Cândido Mendes. Ao iniciar sua atuação no *Design* Instrucional, na Uninter de Curitiba, desenvolvendo roteiros de aprendizagem, despertou interesse pela área e realizou especialização em *Design* Instrucional pelo Senac São Paulo em 2018, desde então tem construído aprendizado e atuado como DI a fim de auxiliar a promover o aprendizado sólido e contínuo por onde passa, atualmente é *Designer* Instrucional para treinamentos de sistemas de varejo em uma das maiores empresas do setor no país.

Nas redes sociais, compartilha as experiências que tem tido com profissionais atuantes, iniciantes e entusiastas, pois acredita que o desenvolvimento de qualquer profissional não é desacompanhado, as relações repartidas tornam a área consolidada e reconhecida. Sua trajetória profissional ainda se soma aos conhecimentos de *Search Engine Optimization* (SEO) em redação, revisão e análises da área, bem como outras vivências com *e-learning*. Acredita na prosperidade do *Design* Instrucional para uma educação inovadora e evolução tecnológica, conduzindo seus estudos nesses temas.

APRESENTAÇÃO

Tomando como ponto de partida a expansão da área de *Design* Instrucional, os temas aqui abordados possibilitam ao leitor interessado compreender conceitos importantes relacionados ao *Design* Instrucional (DI), às competências profissionais, mercado de trabalho, profissões correlacionadas, tipos de DI, estruturas de trabalho e ferramentas de produção. Também estão compreendidas nessa seara de conhecimento as metodologias ativas e novas tecnologias que o profissional de *Design* Instrucional tem contato e desempenha em suas atividades em prol do aprendizado, auxiliando a comunidade educacional na manutenção do conhecimento ativo e contínuo.

Esta obra pretende auxiliar na divulgação da área de DI, destacando ainda a importância e pesquisa em outras obras já publicadas de autores autoridades, pois o *Design* Instrucional ainda carece de pesquisa científica no país. Essa escrita é de caráter bibliográfico e histórico, sua análise de dados foi realizada por meio de leituras bibliográficas dos autores referenciados, em livros, periódicos e meios digitais.

Esta leitura possibilitará ao leitor a compreensão sobre a importância da área de *Design* Instrucional no ensino, suas ferramentas de atuação e como influencia no aprendizado dos estudantes.

CAPÍTULO 1
A EDUCAÇÃO A DISTÂNCIA

Antes de compreender sobre o *Design* Instrucional e seus materiais de trabalho, precisamos entender sobre o ensino a distância, afinal o DI atuará tanto nos modelos presencial e a distância quanto no híbrido, mas ainda a principal modalidade é a educação *online*, também conhecida por **Educação a Distância (EaD)**.

Ao falar em EaD, a primeira relação comum a se fazer é com a tecnologia digital, mas seus primeiros registros no país datam de 1904 com o surgimento do ensino por correspondência – quando os interessados recebiam manuais em casa para estudo; e a cada nova pesquisa de censo são demonstrados dados de crescimento desta modalidade.

Mesmo com sua expansão, ainda existe o preconceito com a modalidade, de que esses diplomas poderiam ter menor valor em comparação aos dos cursos presenciais, mas o que muitos alunos formados na EaD têm percebido e notado é uma diminuição nos descrentes pela modalidade. Quando a globalização exige celeridade nos processos e os estudantes demandam de menos recursos para deslocamento físico, as empresas contratantes passaram a compreender e, também, fazer uso dos processos *online* de ensino, assim, o mercado passa a se conscientizar das profissões que se tornam necessárias no planejamento de um projeto de curso, tomando conhecimento de que esses processos são complexos em suas produções além de lucrativos.

Assim como as metodologias educacionais e tudo aquilo ligado à tecnologia, a EaD também ganha notoriedade no mundo todo, mais ainda nos últimos anos devido à pandemia da Covid-19. Diante disso, é comum nos perguntarmos o **porquê dessa modalidade ser tão procurada**. Para responder a essa pergunta vejamos três características fundamentais da educação a distância:

1.1 FLEXIBILIDADE

A EaD permite sincronizar o cronograma dos cursos e calendário de aulas *online* à agenda particular dos alunos, possibilitando o discente a organizar suas prioridades, enquanto no modo presencial de ensino é necessário adequarmos nossas rotinas aos calendários estudantis. Com as rotinas diversas de quem busca por essa modalidade, pessoas que têm filhos, por exemplo, acabam buscando a EaD por não disporem do tempo para se deslocar presencialmente, com isso tal meio acaba sendo a melhor escolha para esse perfil de público.

1.2 CUSTO-BENEFÍCIO

Muito tem se destacado a variedade de cursos para um mesmo tema na EaD, o que permite ao estudante realizar uma curadoria antes de encontrar o curso ideal, dentre essas estão: avaliações de *feedback* de ex-alunos, carga horária, instituição etc. aliando a essas características investimentos com valores mais baixos em comparação aos cursos presenciais.

Sólon Caldas, diretor executivo da Associação Brasileira de Mantenedoras de Ensino Superior (ABMES), em entrevista à CNN (2020), destaca que os cursos "chegam onde o presencial não consegue e dão muitas oportunidades de acesso à educação superior para os menos favorecidos economicamente".

1.3 INTERAÇÃO GLOBAL

Os cursos a distância trazem consigo e para um mesmo espaço pessoas de diversas nacionalidades, via fóruns ou outros grupos *online* de interação, agrupam culturas, idiomas e perfis variados, que no modelo presencial teria ocorrência mais comum em programas de intercâmbio.

Ter essa vivência ajuda a promover a EaD e acumula benefícios, tanto para alunos que gostam e precisam fazer *networking* quanto para cursos de idiomas, turismo, e demais que necessitem dessas interações globais para otimizar o ensino.

Essas caraterísticas se tornam atrativas para o aprendizado, ao trabalhar a educação *online* deve-se ter cuidado para não cair na passividade do ensino, ele deve ser planejado e levar conteúdos coerentes para quem aprender. A distância ainda deve ser entendida apenas como geográfica, pois a educação *online* (termo mais adequado na minha visão) deve aproximar:

> Para educar, é necessário quebrar barreiras, reduzir distâncias. Para isso, existem inúmeros meios, tais como sala de aula, lousa, projetores, dinâmicas de grupo, laboratórios, bibliotecas, aplicativos, ambientes virtuais, comunidades, fóruns, redes sociais, simuladores, jogos, telepresença e realidade virtual

ou aumentada. Cabe ao educador, **ao designer instrucional**, aos gestores e também aos alunos decidirem qual combinação de recursos pode ser a mais adequada, viável e produtiva para cada atividade educacional, levando-se em conta as características dos alunos, os objetivos de aprendizagem e as especificidades do curso e da instituição. (**Grifo meu**. TORI, 2017, p. 33)

O profissional DI se utilizará de todos esses recursos para tornar a educação *online* mais atrativa a todos os envolvidos, mas antes de conhecermos quais são as ferramentas de trabalho do DI, vamos entender quem é o indivíduo que receberá os frutos desse planejamento.

CAPÍTULO 2
O ALUNO DA EAD

O tipo de aluno que escolhe por essa modalidade tende, em sua maioria, a ter um perfil de fluência digital, aprendizado autoinstrucional e necessidade em adquirir novas competências com certa urgência, são pessoas que por diversas situações buscam as características da EaD mencionadas no capítulo anterior.

Dessa forma, importa ao *Designer* Instrucional compreender quem é o aluno da EaD para ter um caminho mais assertivo nos projetos *online*, antes de fazer o segundo planejamento mais direcionado ao público-alvo do conteúdo em si. Espera-se fluência digital, por exemplo, mas deve-se considerar também usuários não nativos digitais, os quais precisarão de instruções iniciais de navegação, trilhas de aprendizagem, manuais de acesso etc.

O aluno *online* também aprende a ser, desenvolve disciplina e proatividade, pois o aprendizado a distância exige organização e planejamento, com isso, o aluno deve complementar seus estudos quando necessário, por meio de pesquisas extras ao conteúdo que se está aprendendo e participar ativamente das interações do programa de treinamento, seja por meio de fóruns ou atividades em grupos, nelas o estudante recorre ao uso de ferramentas que o ajudam a interagir com o outros, como grupos em *WhatsApp* e *Telegram*, por exemplo, ou encontros síncronos por plataformas como *Google Meet*, Teams e *Zoom*.

Essas ações transformam o indivíduo adepto da modalidade, tornando-o um conhecedor de ferramentas tecnológicas de aprendizado e, com isso, o *Designer* Instrucional precisa sempre buscar formas de aperfeiçoar esse ensino para alinhar a esse novo perfil estudantil.

Quando falamos no aluno da educação a distância, precisamos também compreender dois conceitos importantes na abordagem de ensino para esse público, a Andragogia e a Heutagogia, ao longo dos capítulos compreenderemos também metodologias importantes que o *Designer* Instrucional encontrará em sua atuação, mas vamos partir desses dois caminhos indispensáveis.

2.1 ANDRAGOGIA

Adultos aprendem de forma diferente de crianças e jovens, com isso, o termo foi cunhado por Alexander Kapp em 1833, mas a teoria andragógica foi adotada pelo pesquisador e educador Malcolm Shepherd Knowles ainda na década de 1970, sendo considerado desde então o "Pai da Andragogia", ele quem acreditava e trouxe para nós o entendimento de que **a pessoa adulta deve participar ativamente de seu próprio processo de aprendizagem**, enquanto o professor atua como um facilitador.

O educador defende cinco princípios essenciais para a prática da teoria para adultos, que devem ser consideradas no planejamento dos programas de ensino, tais características são tidas como básicas no DI e vão permear todo o trabalho de quem conduz soluções a distância.

2.1.1 Autonomia

O aluno toma a frente do seu aprendizado, das decisões e é proativo, ele mesmo organiza sua grade de estudo. Cabe ao DI oferecer ferramentas de autogestão, planejar cursos que condizam com a realidade daquele público-alvo, assim como trilhas de aprendizagem que favoreçam a melhor escolha do que aprender.

2.1.2 Experiência

Seu conhecimento de mundo não é dispensado, as experiências são aproveitadas no aprendizado, pois elas serão usadas e, também, servirão como base para adquirir a nova aptidão. Essa característica nos mostra que o adulto faz correlações com essa experiência e será um questionador do conteúdo encontrado, das metodologias e itens de avaliação.

2.1.3 Similaridade à realidade

O interesse pelo conteúdo está ligado às suas tarefas do dia a dia, não há tempo a perder, por isso, é comum que o adulto busque por temas que estejam relacionados diretamente às suas atividades cotidianas, a fim de acrescentar, atualizar e otimizar às competências que já possui no currículo.

2.1.4 Aplicação

O aprendizado deve ter aplicabilidade real e imediata às situações de sua rotina, assim o estudante vai buscar por treinamentos que ofereçam soluções para problemas encontrados em sua área de atuação ou formação.

2.1.5 Motivação

As motivações internas têm maior relevância do que as externas, o aluno busca conteúdos de aprendizado aliados a seus valores intrínsecos. Neste ponto, o DI pode explorar os elementos de gamificação, reforço positivo, recompensas etc. evitando punições e ajudando que o aluno atinja seus objetivos, como o alcance de notas para crescimento profissional e titulações, por exemplo.

No ensino andragógico elencam-se situações-problema, simulações e demais atividades relacionadas à experiência, afinal, o estudante adulto tem outra característica importante a ser observada: a realização! Seja ela pessoal ou profissional, é preciso que o programa de ensino que ele encontra tenha sentido.

2.2 HEUTAGOGIA

Esse modelo de aprendizagem **complementa** a Andragogia, sua etimologia do grego *heuta*, significa "próprio" e *agogus* "educar" indica um processo de autoaprendizagem, e é sobre essa autonomia que os programas que utilizam a Heutagogia irão se pautar, conforme Filatro (2019) esse modelo está alinhado às exigências do mundo digital, que com o grande fluxo de informação despertam um aluno que possui autonomia para o quê, como e quando aprender.

É também o programa de ensino alinhado ao perfil do próprio profissional em DI que se adapta ao aprendizado contínuo e autônomo de novas tecnologias e ferramentas, trabalhando sob a ótica de que o estudante já tem capacidade de aprender sozinho e criará seu próprio gerenciamento de grade curricular.

O modelo heutagógico é encontrado mais comumente encontrado nas universidades corporativas, quando o funcionário aprende através de mentoria, por exemplo, muitos desses ambientes tem plataforma própria com cursos de prateleira ou de temas do seu setor de atuação, cabendo muitas vezes ao próprio estudante avaliar qual competência precisa aprender para dar sequência à sua evolução dentro da empresa.

CAPÍTULO 3
ORIGEM DO DESIGN INSTRUCIONAL

O *Design* Instrucional originou-se em meados da Segunda Guerra Mundial, com a necessidade pela Força Aérea norte-americana de treinar rapidamente seus militares para o manuseio de equipamento bélico, bem como melhorar os recursos investidos na guerra e capacitar os soldados para técnicas de sobrevivência. Posteriormente, as pesquisas do psicólogo behaviorista Skinner e a taxonomia de Bloom ajudaram a estruturar as atividades do *Designer* Instrucional.

Praticamente todas as teorias de aprendizagem que se tem conhecimento tiveram alguma influência no desenvolvimento do *Design* Instrucional, do *behaviorismo*, passando pelo cognitivismo às teorias construtivistas. Observe no infográfico a seguir a evolução da área:

Infográfico – Linha do tempo do Design Instrucional, conforme Filatro (2003)

LINHA DO TEMPO DO DESIGN INSTRUCIONAL

1920 — Treinamento rápido para militares da Segunda Gerra Mundial.

1948 — Publicação da Taxonomia de Bloom.

1949 — Publicação do estudo "*Basic Principles of Curriculum and Instrution*" de Ralph Winfred Tyler.

1950 — Movimento da Instrução progrmada, de Skinner, com as "máquinas de ensinar" que propunham o reforço positivo no aprendizado.

1960 — Uso dos objetivos de aprendizagem no ensino americano.

1965 — Publicação do estudo "*The Condition of Learning*" de Robert Gagné, sobre os cinco tipos de resultados de aprendizagem.

1970 — No Brasil, os guias curriculares são inseridos na capacitação de docentes das redes estaduais de ensino.

Fonte: a Autora, 2022.

Para aqueles que se deparam com a profissão aquecida, podem ter a falsa impressão, num primeiro momento, em ser novidade no meio educacional e de *design*, mas o *Design* Instrucional (DI) atua na melhoria dos programas de ensino desde a década de 20, com isso, conceitos passam a ser definidos e sinônimos incluídos na área, os quais serão elucidados no próximo capítulo!

CAPÍTULO 4
CONCEITOS

O **Design Instrucional é uma área multidisciplinar** e tem como propósito atingir a aprendizagem eficaz e contínua dos alunos por meio de práticas pedagógicas, de *design*, de gestão de projetos, entre outras competências de áreas distintas; já o *Designer* Instrucional é a pessoa profissional que usa esses recursos para a busca em aperfeiçoar os processos de ensino-aprendizagem a fim de capacitar o estudante e, consequentemente, torná-lo um agente a dar continuidade ao que aprendeu, o DI deve promover a aprendizagem colaborativa.

A área, em constante expansão, ganhou mais "adeptos" em meio à pandemia do coronavírus, quando a área educacional precisou se reencontrar com as mídias digitais, recursos, metodologias ativas, conceitos da educação a distância e, então, recorrer a um profissional que compreendesse tudo isso e reorganizasse os entendimentos e planos pedagógicos, assim, o DI passou a ter maior destaque e atuar e ser visualizado com mais frequência nesse novo cenário, como construtor de uma ponte de aprendizado entre as teorias e metodologias até a resolução dos objetivos propostos nos projetos educacionais. Mas como o trabalho desse profissional tem início pode-se entender a partir da definição base da atuação do *Designer* Instrucional, conforme Filatro (2003):

> Compreender de que forma as tecnologias de informação e comunicação contribuem para o aperfeiçoamento do processo de ensino-aprendizagem

representa uma oportunidade de redescobrir a natureza ímpar, insubstituível e altamente criativa da educação no processo de desenvolvimento humano e social.

Esse é o campo de pesquisa e atuação do *design* instrucional, entendido como o planejamento, o desenvolvimento e a utilização sistemática de métodos, técnicas e atividades de ensino para projetos educacionais apoiados por tecnologia (FILATRO, 2003, p. 32).

Este profissional passou a atuar nos projetos educacionais compreendendo também sobre a inserção das novas tecnologias a fim de otimizar o processo de ensino-aprendizagem, adequando-as a outros elementos como linguagem dialógica, perfis multidisciplinares, bem como os debates sociais envolvendo linguagem neutra, pessoas com deficiência etc., tudo em prol do desenvolvimento da pessoa que aprende. Filatro (2003) ressalta que com o desenvolvimento das tecnologias digitais o DI passou fazer parte de um processo mais amplo, o qual veremos com mais detalhes no capítulo "Competências do profissional de Design Instrucional", o DI tem como resultado de seu trabalho a aprendizagem significativa, que deve assumir uma postura de continuidade após o ensino dos programas pedagógicos, assim, o *design* instrucional tem como premissa:

a ação intencional e sistemática de ensino, que envolve o planejamento, o desenvolvimento e a utilização de métodos, técnicas, atividades, materiais, eventos e produtos educacionais em situações didáticas específicas, a fim de facilitar a aprendizagem humana a partir dos princípios de aprendizagem e instrução conhecidos (FILATRO, 2003, p. 64).

Apesar de já conhecida sua origem, o *design* instrucional é considerado entre as novas profissões do século XX, e sua trajetória caminha e, por vezes, se confunde com demais áreas de *design*, com isso, para compreender qual o papel do profissional DI devemos elucidar as suas competências profissionais, as quais abordaremos em capítulos adiante.

Encontram-se ao termo "instrucional" ainda duas outras denominações, a saber: **Design Educacional (DE) e Design de Aprendizagem (DA),** os quais têm significados distintos, apesar do DE e DI aparecerem como sinônimos na Classificação Brasileira de Ocupações (CBO), conforme Andrade e Santos (2020) nos elucidam:

> [...] é comum a utilização do termo "Design Instrucional" para se referir às práticas afins do planejamento e a projetos conservadores em educação por parte de empresas e instituições de ensino de bases tecnicistas. Também existem cursos *online* de *Design* Instrucional e profissionais que atuam na área que costumam se denominar como designers instrucionais. O termo original, proveniente da língua inglesa, *Instructional Design*, também reforça a predominância da utilização do "instrucional" (em português), uma vez que os materiais traduzidos para om português podem utilizar uma tradução literal para se fazerem entender. (ANDRADE e SANTOS, 2020, p. 72)

O que justifica também nesta obra a escolha pelo termo "Design Instrucional", relacionando à predominância do uso do termo "instrucional" também nas obras da autora autoridade Andrea Filatro, e não ao seu significado literal. Ainda, Andrade e Santos (2020) explicam sobre a aplicação do *design* educacional estar relacionada aos vieses pedagógicos de ensino e traz consigo um alinhamento à educação contemporânea, que está direcionada ao pensar no humano nesse novo cenário de ensino, trazendo consigo o dialogismo, enquanto o instrucional remete a uma educação tecnicista e ultrapassada, que remete ao desenvolvimento de manuais de instrução e aulas passivas; o verbo "instruir" indica a mera transmissão de conhecimento, e, em contrapartida, "educacional" tem maior abrangência com seu uso já reconhecido (ANDRADE e SANTOS, 2020, p. 71 *apud* PEREIRA, 2011, p. 46-47).

De outro lado, temos ainda o termo "*design* de aprendizagem", defendido pelos profissionais como o DI e DE executados em conjunto, utiliza-se das práticas de instrução aliadas ao conceito do pedagógico advindo do *design* educacional, quando se ensina o indivíduo a aprender, aliando valores éticos e sociais, como a empatia nos processos. Veja o que Alves (2016) explica sobre a ação do *design* de aprendizagem:

> Ter o olhar de um *Designer* de Aprendizagem significa exercitar a visão de quem aprende, pensando em suas atribuições e desafios. É se despir da autoridade do conhecimento e se disponibilizar para encontrar maneiras de ajudar o outro a aprender o que ele precisa e não aquilo que você gostaria de ensinar. É facilitar a vida de quem aprende por meio da criação de uma solução de aprendizagem que vá tornar a execução do trabalho desta pessoa mais fácil, mais eficaz. (ALVES, 2016, p. 31)

Conceitos à parte, escolha você se definir como DI, DE ou DA, uma característica é certa e sempre devemos estar alinhados a ela: **possibilitar ao estudante um aprendizado que o torne um disseminador e agente de mudanças**. E, claro, que para chegar a esse ponto, a profissão requer o uso de recursos, metodologias, técnicas e especificidades educacionais que vão permear nossas decisões para produções e entregas que façam sentido ao receptor final. Conheceremos em detalhes sobre essas necessidades nos próximos capítulos!

Os projetos educacionais com a atuação do *Designer* Instrucional costumam estar atrelados a algum tipo de DI de forma única ou mesclada, sendo quatro conhecidos: fixo, aberto, misto e contextualizado.

CAPÍTULO 5
TIPOS DE DESIGN INSTRUCIONAL

Quando são definidos os detalhes iniciais do projeto, geralmente na fase de *briefing*, o *Designer* Instrucional apontará qual o tipo de DI a ser seguido, há três modelos existentes em uso, e o curso poderá se encaixar em um deles ou sofrer uma mescla, vejamos cada um:

5.1 FIXO

Também conhecido por "*Design* Fechado", este tipo considera as relações assíncronas, plataformas de estudo limitadas para que o aluno esteja em todo o tempo de aprendizado realizando interações em uma só plataforma. Neste modelo há maior exigência e planejamento do desenvolvimento da estrutura do curso, pois o estudante não contará com a comunicação entre seus pares nem tutores.

Considera perfis autoinstrucionais e, por isso, tem maior índice de evasão na EaD. Neste formato, o DI pensa numa estrutura mais automatizada e robusta, os conteúdos sofrem menor quantidade de atualização, pois não recebem *feedbacks* frequentes ao longo do estudo, são os conhecidos "cursos de prateleira", com temas mais abrangentes para públicos-alvo maiores.

Características comuns encontradas:

- Vídeos gravados;
- Avaliação com resultado automatizado;
- *Feedbacks* automatizados;
- *Chatbots*;
- Recursos de interação na própria plataforma de estudos;
- Emissão de certificado de conclusão automático.

5.2 ABERTO

Em contrapartida ao fixo, o modelo aberto possibilita amplas interações, pode apresentar o de fóruns, interações síncronas com tutores, *chats*, indicação de conteúdos para que o estudante acesse externamente, ou seja, sair da plataforma de estudo e ser estimulado a realizar pesquisas extras; com isso, ele consegue também atender a públicos mais específicos. Nele, o *Designer* Instrucional tem maior abertura para propor meios de aprendizagem e recursos, tendo consequentemente maior atualização de seus conteúdos ao longo do curso.

Características comuns encontradas:

- Encontros síncronos;
- Tutoria humanizada e síncrona;
- Fóruns;
- Avaliação com respostas abertas, possibilitando revisão;
- *Feedbacks* imediatos;
- *Feedbacks* personalizados e direcionados ao aluno;

- Recursos fora da plataforma (uso de *hiperlinks*);
- Emissão de certificado de conclusão automático ou com envio posterior ao estudante.

5.3 CONTEXTUALIZADO

Este modelo abre mais espaço para que as unidades de um curso, por exemplo, possam ser trabalhadas de formas diversas: encontros *online* com aulas fixas, materiais para *download* com atividades de *feedback* individual e personalizado etc., sem necessidade exclusiva também da ordenação das unidades para a formação. É comum neste modelo encontrar fóruns fixos de interação em conjunto a grupos em que ocorrem trocas síncronas entre os estudantes.

Características comuns encontradas (misto de fixo e aberto):

- Vídeos gravados e/ou encontros síncronos;
- Avaliação com resultado automatizado;
- Tutoria humanizada e síncrona;
- *Feedbacks* automatizados, imediatos, personalizados e/ou individuais;
- *Chatbots*;
- Fóruns;
- Recursos de interação na própria plataforma de estudos;
- Avaliação com respostas abertas, possibilitando revisão;
- Recursos fora da plataforma (uso de *hiperlinks*);
- Emissão de certificado de conclusão automático ou com envio agendado.

CAPÍTULO 6
COMPETÊNCIAS DO PROFISSIONAL DE DESIGN INSTRUCIONAL

A profissão do DI foi regulamentada em 2009, e de acordo com a Classificação Brasileira de Ocupações (CBO), sob a denominação de *Designer* Educacional e está classificado sob o CBO nº 2394-35, tendo como sinônimos:

- Desenhista instrucional,
- Designer instrucional e
- Projetista instrucional.

Ainda traz como profissões relacionadas: Coordenador Pedagógico, Orientador Educacional, Pedagogo, Professor de técnicas e recursos audiovisuais, Psicopedagogo e Supervisor de Ensino. O Ministério do Trabalho e Emprego afirma sobre as competências dos DIs que:

> Implementam, avaliam, coordenam e planejam o desenvolvimento de projetos pedagógicos/instrucionais nas modalidades de ensino presencial e/ou a distância, aplicando metodologias e técnicas para facilitar o processo de ensino e aprendizagem. Atuam em cursos acadêmicos e/ou corporativos em todos os níveis de ensino para atender as necessidades dos alunos, acompanhando e avaliando os processos educacionais. Viabilizam o trabalho coletivo, criando

e organizando mecanismos de participação em programas e projetos educacionais, facilitando o processo comunicativo entre a comunidade escolar e as associações a ela vinculadas. (BRASIL, 2022, *online*).

O *International Board of Standards for Training, Performance and Instruction* (IBSTPI) acompanha e publica as competências da profissão, sua última atualização em 2020 compila mais de cem competências do DI. Percebe-se a necessidade de aprender algumas habilidades das áreas com as quais atua, como *Web Design, Design* gráfico, Programação, *User Experience* (UX), *User Inteface* (UI), Gestão de Projetos, entre outras, tornando o profissional um adepto do *lifelong learning*, a fim de aplicar tais competências nos diversos projetos que atuará, contudo, o DI precisa analisar quais funções caberão especificamente à sua profissão. Conforme Kenski (2015), os campos de conhecimento que formam as bases para atuação no *Design* Instrucional são:

> Na Educação, são fundamentais os conhecimentos de didática, teorias de ensino e práticas educacionais. Na psicologia, ressaltam-se os conhecimentos das teorias de aprendizagem, além das noções sobre o comportamento humano, tanto individual quanto social, em seus aspectos cognitivo e afetivo. A comunicação e as ciências da informação fornecem as bases para o trabalho com diferentes mídias. A gestão da informação e a ciência da computação abordam as formas de armazenamento e recuperação das informações e inovações tecnológicas. Os conhecimentos de gestão garantem ao *design* instrucional a formação necessária para gerenciar projetos, organizar ações de ensino e coordenar equipes, entre outras atividades. (KENSKI, 2015, p. 24)

De acordo com Kenski *apud* IBSTPI (2020) resume-se a cinco domínios as competências essenciais da profissão:

- **Fundamentos da profissão**: são as bases da profissão, competências que todo DI deve saber, geralmente executadas pelos juniores, fazem parte da rotina tradicional do profissional.
- **Planejamento e análise**: referem-se às competências de execução do projeto em si.
- **Design e desenvolvimento**: são as competências relacionadas à produção e envolvem áreas como *Web Design* e *Design* Gráfico.
- **Avaliação e implementação**: aqui se avalia todo o processo de ensino e seu respectivo impacto no aprendizado dos estudantes.
- **Gestão**: relacionadas à gestão de projetos, são competências de gerência dos sistemas de instrução, relatórios, programas de curso etc.

Contudo, vale-se ao profissional DI também um olhar atento às novas e constantes exigências do mercado de trabalho, as quais já apresentam habilidades de programação, por exemplo.

CAPÍTULO 7
MERCADO DE TRABALHO

O *Designer* Instrucional pode atuar em toda modalidade educacional, seja presencial, *online* ou híbrida. Comumente mais disseminado na educação a distância (EAD), que consiste no ensino mediado por tecnologias digitais e, diferente da presencial, onde pode-se trabalhar projetos totalmente assíncronos de interação aluno e professor.

Requer ao *Designer* Instrucional também contemplar em seus projetos algumas abordagens que alcancem os alunos não nativos digitais e analfabetos digitais, ou seja, as pessoas que não adquiriram habilidades básicas de acesso e navegação em computadores e internet. Tal adaptação deve possibilitar as entregas chamadas *user friendly*, amigáveis ao usuário.

O acesso ao mercado de trabalho e sua permanência requer atenção, primeiramente, à entrega do aprendizado contínuo para quem aprende, não basta cumprir os objetivos de aprendizagem e colocá-los em ação, os projetos em que o DI se insere devem promover ao estudante também a capacidade de transformar o próprio aprendizado, disseminando-o.

Com isso, a trajetória na área me fez perceber e levantar cinco pontos importantes a considerar nessa busca da inserção ao mercado de trabalho, os quais serão explicados na sequência, para que o profissional *Designer* Instrucional esteja minimamente preparado nesse turbilhão de informações:

1. Compreensão do DI.
2. Pesquisa.
3. Saúde mental.
4. Ferramentas.
5. Marca pessoal.

7.1 COMPREENSÃO DO DESIGN INSTRUCIONAL

Assim como em qualquer área de estudo, com o *Design* Instrucional não é diferente, compreender os conceitos base, as competências do profissional, bem como suas possíveis atuações tornam-se necessárias para também se decidir o rumo que será dado quanto ao seu desempenho profissional. Tal introdução à profissão pode ser encontrada em diversos formatos de divulgação científica, em livros específicos como este, artigos científicos, cursos, plataformas de conteúdo dos profissionais autoridade na área, entre outros.

Algumas plataformas, inclusive, distribuem gratuitamente alguns cursos livres sobre a profissão, confira na tabela abaixo algumas instituições que os ofertam.

Cursos livres e gratuitos sobre Design Instrucional[1]

INSTITUIÇÃO	NOME DO CURSO	CARGA HORÁRIA	MODALIDADE	CERTIFICAÇÃO
Iped	Curso de Introdução ao Design Instrucional	9 aulas gratuitas	EAD	A partir do plano pago
IEstudar	Curso online grátis de Design Instrucional	60 horas	EAD	Sim (com o pagamento de R$79,90)
UpCursos	Curso online gratuito de Design Instrucional	35 horas	EAD	Sim (com o pagamento de R$59,90)
EVG	Desenho Instrucional para Soluções de Capacitações Presenciais	40 horas	EAD	Sim

Fonte: curadoria pela Autora, 2022.

[1] As informações contidas nesta tabela estão sujeitas à alteração conforme as instituições listadas.

Na literatura DI, dentre os nomes autoridades da área estão: Andrea Filatro com maior número de publicações em língua portuguesa na área, seguida de Vani Kenski, Flora Alves, João Mattar, Carolina Savioli etc., a aplicabilidade do DI pode ser encontrada e praticada também nos cursos relacionados à área, assim como os grupos em redes sociais e contato com os próprios profissionais supracitados auxiliam o profissional a compreender o *design* instrucional em sua essência, tornar-se a ponte de aprendizado para o estudante chegar ao conhecimento desejado e aprender.

7.2 PESQUISA

É comum à área os termos estrangeiros, e com seu maior engajamento no meio tecnológico, encontrar uma avalanche informacional e direcionamentos diversos para um mesmo termo será frequente. Com isso, o profissional DI precisa habituar-se à **experimentação do novo**, que engloba de *softwares* de *e-learning* a metodologias de ensino. Durante as pesquisas desses recursos, é importante que a pessoa DI realize testes e se questione sobre a aplicabilidade deles aos projetos de *design* instrucional e vice-versa. A evolução tecnológica requer aos novos profissionais que desenvolvam a capacidade de aprender a aprender, devido às constantes atualizações.

As ferramentas de autoria, por exemplo, são similares, e ao desbravar as funcionalidades de qualquer uma delas torna-se intuitivo o manejo de outras correspondentes, mas ao mesmo tempo em que se aprende novas possibilidades para criação de aula, outras tantas são criadas ou descontinuadas.

7.3 SAÚDE MENTAL

Como o DI é uma área multidisciplinar, dificilmente o *Designer* Instrucional trabalhará sozinho em um projeto, o que torna natural o processo de adquirir o aprendizado básico em outras áreas correlacionadas do conhecimento, como *Design* Gráfico, Programação, Administração, Pedagogia, Gestão de Projetos, *UX* e *UI Design* etc., podendo atuar diretamente na produção (geralmente DIs em fases iniciais) ou no gerenciamento dos profissionais dessas áreas, que estarão envolvidos no projeto educacional.

Essa atuação aliada à constante evolução da tecnologia exige do profissional DI igual atualização de conhecimentos, o que traz consigo a necessidade para o profissional de dosar esse "*boom* de informações", a fim de não comprometer sua saúde mental. É imprescindível saber respeitar o próprio tempo de aprendizado e entender que os demais profissionais envolvidos no projeto também possuem as suas próprias competências para dar suporte quando necessário.

7.4 FERRAMENTAS

Aqui destaco sobre a importância das ferramentas, *softwares* e demais recursos no conjunto curricular do DI, promovendo notoriedade ao profissional que tem ampla dominância das escolhas a serem trazidas para o desenvolvimento do *design*. Em contrapartida, elas são a "ponta do *iceberg*" da profissão, como vimos no capítulo "competências do profissional de *Design* Instrucional".

Mais importante do que dominar as ferramentas de ensino, é conseguir realizar a curadoria desses elementos midiáticos necessários para um projeto, nos momentos de *briefing* com a equipe o DI utiliza seus conhecimentos pedagógicos para determinar as matrizes instrucionais e de curso, nas quais indicará as ferramentas mais adequadas ao plano de ensino.

7.5 MARCA PESSOAL

Independente se a atuação do DI for presencial, *online* ou híbrida, é necessário se mostrar ao mercado de trabalho e a seus pares, o conhecido *networking* que:

> é uma das ferramentas mais poderosas que todo profissional deve construir com muita atenção. Ele vai abrir múltiplas portas no decorrer da sua carreira, seja para conhecer pessoas da sua área, seja para aprender, ensinar, resolver problemas e, principalmente, ter acesso a oportunidades de maneira mais abundante. [...] Uma pesquisa realizada pela consultoria *Righ Management* apontou que 70% das contratações acontecem por indicação de outros profissionais que já estão no mercado de trabalho. Por isso é de extrema importância entender como o *networking* funciona, construir e cuidar da sua rede (SANTOS, 2001, p. 114).

O autor supracitado ainda menciona que essa rede de relacionamento profissional não é construída num piscar de olhos, mas sim ao longo da carreira; para auxiliar nesse resultado, a divulgação da marca pessoal deve ser planejada e estratégica ao ponto que se quer chegar. Similar a outros profissionais de tecnologia e *design*, o DI pode recorrer à tal divulgação das mais variadas formas atuais, como:

- Portfólio: físico ou digital, a depender dos trabalhos que o profissional quer apresentar;
- Redes sociais: como *LinkedIn, Instagram, Tik Tok* etc.;
- Cartões de visita: tanto modelos impressos físicos quanto os virtuais, geralmente compartilhados via aplicativos de mensagem.

Recorrer às mentorias também é assertivamente indicado, elas vão traçar juntamente ao profissional os rumos mais adequados dessa divulgação, é receber ajuda de quem já está há mais tempo na área e conhece as sutilezas que possam passar despercebidas ao profissional iniciante.

CAPÍTULO 8
REMUNERAÇÃO DO DESIGNER INSTRUCIONAL

É notório o aumento da remuneração da profissão desde a sua regulamentação, e estimar o salário do *Designer* Instrucional traz resultados muito amplos, pois como vimos no capítulo "competências do profissional de DI", o trabalhador pode desempenhar tanto funções de nível Júnior atreladas a competências de gestão quanto Sênior que coloca a "mão na massa" em produção das mídias de um projeto. Com essa variação de competências a um só profissional esta pesquisa não elenca os detalhes da função desempenhada para a remuneração oferecida, ela traz apenas o resultado informacional de modo geral, proveniente de fontes na internet que compilam dados reais cadastrados por funcionários que desempenham atividades de DI.

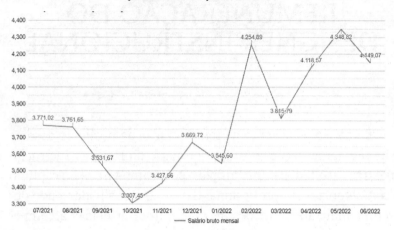

Fonte: Salario.com.br (2022).

Os dados considerados nesta pesquisa foram: país Brasil, moeda Real e categoria de contrato conforme a Consolidação das Leis do Trabalho (CLT), as informações mais populares[2] das fontes pesquisadas (Glassdoor, Vagas, Salário BR, Catho e Dissídio) estimam que a média salarial para o *Designer* Instrucional é de **R$ 3.907,03** bruto para 2022.

Segundo a Glassdoor (2022), a remuneração atual do DI com 2 a 4 anos de experiência média pode variar de 2 a 6 mil reais:

---

2   Foram avaliados salários de 328 salários mais populares em todo o país.

A busca ainda sofre mudanças conforme os sinônimos da profissão, veja:

SINÔNIMO	MÉDIA SALARIAL	QUANTIDADE DE SALÁRIOS INFORMADOS
Designer Instrucional	R$ 3.578,00	328
Designer Educacional	R$ 4.517,00	50
Designer de Aprendizagem	R$ 3.218,00	8
Analista de Treinamento	R$ 3.298,00	630

Considerando os sinônimos, temos uma nova média para a área de **R$ 3.652,75**. As remunerações salariais encontradas acima de R$ 6 mil são referentes aos cargos de nível Sênior e lideranças.

Foi levantada também a média salarial por capital, considerando as fontes Glassdoor e Dissidio, com exceção de Macapá/AP, a qual o dado foi coletado de um indivíduo apenas, a saber:

Média salarial do Designer Instrucional nas capitais brasileiras

CAPITAL	MÉDIA SALARIAL	QUANTIDADE INFORMADA DE SALÁRIOS
Aracaju/SE	R$ 1.100,00	10
Belém/PA	R$ 1.100,00	6
Belo Horizonte/MG	R$ 2.737,12	73
Boa Vista/RR	R$ 2.200,00	1
Brasília/DF	R$ 2.741,50	61
Campo Grande/MS	R$ 3.591,58	3
Cuiabá/MT	Não houve dados.	
Curitiba/PR	R$ 3.204,50	158
Florianópolis/SC	R$ 2.411,00	78
Fortaleza/CE	R$ 2.834,86	13
Goiânia/GO	R$ 2.741,00	10
João Pessoa/PB	R$ 3.354,00	4
Macapá/AP	R$ 2.2125,00	1
Maceió/AL	R$ 1.877,23	5
Manaus/AM	R$ 3.419,43	7
Natal/RN	R$ 4.543,43	13
Palmas/TO	Não houve dados.	
Porto Alegre/RS	R$ 3.384,26	56
Porto Velho/RO	R$ 3.107,50	2
Recife/PE	R$ 2.034,86	46
Rio Branco/AC	R$ 1.300,00	2
Rio de Janeiro/RJ	R$ 3.750,82	116
Salvador/BA	R$ 3.996,80	13
São Luís/MA	R$ 3.000,00	2
São Paulo/SP	R$ 4.119,10	651
Teresina/PI	R$ 3.587,50	1
Vitória/ES	R$ 2.913,32	5

Fonte: curadoria pela autora, 2022.

CAPÍTULO 9

EMPRESAS QUE CONTRATAM O PROFISSIONAL DI

São vários os meios profissionais que um DI pode ocupar, tanto como autônomo desempenhando atividades *freelance* e de consultoria, como nos ambientes corporativos, educacionais, educação formal ou não, o papel que o DI vai desempenhar, bem como em quais áreas dependerá do seu nível de conhecimento e também desses locais, parafraseando Soani Vargas: onde houver necessidade de aprendizagem, deve haver um *Designer* Instrucional. O DI pode executar desde tarefas específicas em um projeto, como produção de mídias, roteirização ou de nível mais técnico que requer maior experiência, como planejamento e gerenciamento do projeto.

9.1 FÁBRICAS DE CONTEÚDOS

Responsáveis pela produção de mídias educacionais, suas demandas são advindas de terceiros que precisam dessas produções, mas não têm espaço físico para desenvolvê-las. Com isso, assim como uma "fábrica" essas empresas têm grandes demandas de produção midiática: vídeos, ilustrações, *podcasts*. Nelas, as contratações freelances de *designers* instrucionais são comuns.

9.2 EMPRESAS CORPORATIVAS

São as empresas tradicionais, o profissional de *Designer* Instrucional geralmente atua junto ao setor de Recursos Humanos (RH), são essas empresas que geralmente contratam as fábricas de conteúdo ou consultores em *Design* Instrucional para atuar em projetos específicos de treinamento.

9.3 INSTITUIÇÕES DE ENSINO

As IES geralmente possuem um *design* instrucional já padronizado e mais atuante no processo de ensino-aprendizado, seguem regulamentações do Ministério da Educação e estão mais alinhadas aos níveis da profissão (júnior, pleno, sênior).

Os cursos de capacitação para o próprio *Design* Instrucional se expandem na medida em que a profissão é reconhecida pelo mercado, ocasionando naturalmente a necessidade dos profissionais por buscarem atualização e ter no campo de atuação grande aumento também.

As empresas ainda estão no processo de entender quais as competências da profissão e seus níveis, mas essas necessidades e mudanças já podem ser observadas nas exigências que se pedem em vagas recentes buscadas através da rede social LinkedIn juntamente às competências padrão.

Tabela - Exigências reais solicitadas em vagas de Designer Instrucional

Empresa 1
Conceber e projetar as soluções de EAD em parceria com a equipe envolvida.
Desenvolver roteiros e demais entregas relacionadas ao conteúdo.
Subsidiar tecnicamente os demais profissionais envolvidos no desenvolvimento do projeto.
Acompanhar e validar tecnicamente as entregas relacionadas ao projeto.
Homologar e conduzir tecnicamente a entrega da versão final do projeto.
Atuar de maneira consultiva junto ao cliente.
Noções de design.
Conhecimentos em ambiente virtual de aprendizagem.
Experiência com educação a distância.
Experiência com design instrucional.
Noções de mídias digitais.
Processos de produção de EaD.
Habilidade para interpretação e produção textual.
Pacote Office.
Roteirização para cursos EaD.
Empresa 2
Organizar e desenvolver didaticamente conteúdo para o formato digital.
Analisar se os objetivos de aprendizagem estão sendo atendidos.
Revisar o conteúdo textualmente para que fique em uma linguagem dialógica e contextualizada de acordo com o método da instituição.
Elaborar os storyboards (esboços) dos objetos de aprendizagem que serão posteriormente produzidos pela equipe de produção gráfica.
Solicitar ajustes de conteúdo para o professor conteudista, e orientá-lo na correção.
Validar o trabalho de produção dos objetos de aprendizagem ou midiáticos.
Ensino superior completo em Comunicação Social, Jornalismo, Letras, Pedagogia ou áreas afins.
Experiência com desenvolvimento de conteúdo.
Vivência prática como Designer Instrucional, preferencialmente em Instituições de Ensino Superior.
Pós-graduação ou curso de formação em Designer instrucional.
Experiência em educação EAD e tecnologias educacionais.
Conhecimento em metodologias inovadoras de ensino.
Vivência com produção do fluxo EAD.

Empresa 3
Organizar e desenvolver didaticamente conteúdo para diversos formatos de recursos didáticos (digital ou físico).
Analisar se os objetivos de aprendizagem estão sendo atendidos.
Revisar o conteúdo textualmente para que fique em uma linguagem dialógica e contextualizada de acordo com o método da instituição.
Elaborar os storyboards (esboços) dos objetos de aprendizagem que serão posteriormente produzidos pela equipe de criação.
Solicitar ajustes de conteúdo para o professor conteudista, e orientá-lo na correção.
Validar o trabalho de produção dos objetos de aprendizagem ou midiáticos.
Participar de grupos de trabalho para ideação e desenvolvimento colaborativo de soluções educacionais, contribuindo na elaboração dos recursos didáticos mais aderentes e inovadores para cada jornada de conhecimento.
Realizar diagnóstico sobre a metodologia a ser usada para atender às necessidades identificadas.
Elaborar roteiros, storyboards para cursos e treinamentos presenciais e/ou à distância.
Elaborar material didático em geral para treinamentos diversos.
Executar outras atividades correlatas à função.
Graduação Completa em Comunicação Social, Jornalismo, Letras, Pedagogia ou áreas afins.
Experiência na criação e adaptação de material didático e acompanhamento de produção de projetos.
Experiência com desenvolvimento de conteúdo e revisão textual.
Conhecimento sobre teorias de aprendizado e metodologias ativas.
Conhecimento sobre formatos diferenciados de conteúdo, como webinars, lives, cursos online, podcasts e outros.
Conhecimento de Pacote Office (Intermediário).

Empresa 4
Acompanhamento da construção do projeto do curso e publicação no Ambiente Virtual de Aprendizagem.
Responsável pela criação, adequação e uso da metodologia de desenvolvimento.
Modelagem do conteúdo adequando à mídia utilizada.
Estabelece diretrizes para a condução do curso dentro do ambiente de aprendizagem virtual e orientação aos professores/tutores.
Encaminha projeto de criação de objetos de aprendizagem e recursos para utilização no ambiente virtual de aprendizagem.
Planejamento e identificação de necessidades para capacitação de professores no uso do ambiente virtual de aprendizagem.
Especificação da matriz de planejamento instrucional em EAD.
Estabelecer padrões para entrega de material pelo professor de conteúdo ao EAD.
Encaminha para a produção audiovisual as demandas de produção de conteúdo, estabelecendo cronograma e acompanhamento do desenvolvimento.
Produção de conteúdo de cursos relacionados ao tema de educação a distância.
Adaptação de cursos presenciais para o formato a distância.
Criação de cursos novos no formato a distância, seguindo metodologia adotada.
Formatação de ambientes de apoio às disciplinas presenciais.
Graduação em Comunicação Social, Pedagogia, Sistemas de Informação.
Desejável especialização em Designer Instrucional, Educação a Distância ou Didática no Ensino Superior.
Conhecimentos gerais em ferramentas tecnológicas voltadas ao EAD, como ferramentas de autoria, ambientes virtuais de aprendizagem, ferramentas para gestão de projetos, aplicativos gráficos e aplicativos Office.

Fonte: curadoria pela Autora, 2022.

CAPÍTULO 10
PORTFÓLIO

Parte da construção do currículo de um *Designer* Instrucional é composta por seu portfólio, o local onde se compila os melhores trabalhos e produções de um profissional, a fim de mostrá-lo ao mercado. Assim como as áreas de *design*, arquitetura e fotografia, o DI tende a seguir a mostra de seus projetos nos formatos de arquivos digitais, expondo aulas construídas em WBT, *storyboards*, vídeos, *podcasts* etc.

Aos profissionais em início de carreira a dificuldade aumenta quando estes se deparam com a ausência de projetos executados. Contudo, nos estudos que se traçam durante o aprendizado na área, são comuns as demandas de projetos de cursos *online*, experiências em teste de ferramentas de autoria, elementos de gamificação, entre outros que podem ser utilizados nessa composição.

O *Designer* Instrucional traz consigo a habilidade de pesquisa, possibilitando, também, ao profissional executar projetos de baixa a alta complexidade que precisem das competências do DI, trazendo à tona oportunidades para a criação de novos projetos e a fim de preencher o corpo do portfólio desses novos profissionais.

A própria execução do "projeto portfólio" requer habilidades instrucionais educacionais, que oportunizam envolver o leitor/empregador ao acesso, conhecimento e interação com o profissional criador. Ainda, possibilita ao DI desempenhar as suas *soft skills* das áreas que compõem os projetos em que atua, como gestão organizacional e de projetos. Aqui considero cinco tópicos essenciais que comporão a criação do portfólio digital de *Design* Instrucional, a fim de orientar o profissional em início de carreira:

10.1 ORGANIZAR

Nesta primeira etapa, o *Designer* Instrucional compila seus projetos e criações, otimizando quais merecem destaque de visualização e que estarão alinhados ao nicho de atuação do DI, como divulgação da marca pessoal, mentoria, consultoria, produção técnica etc. dentre a curadoria de projetos, pode-se trazer os cursos rápidos executados durante as práticas de pesquisa, atividades de teste e de avaliação.

10.2 APRESENTAÇÃO

O portfólio deve identificar seu criador, e tal identificação tem destaque como "apresentação", esse campo de forma objetiva expressa o perfil do profissional DI, no que diz respeito a competências acadêmicas e técnicas, as conhecidas *hard skills* (competências técnicas), acompanhadas de informações essenciais de contato e divulgação, como suas redes sociais profissionais (*Facebook, Instagram, LinkedIn*).

10.3 PLATAFORMA

Nesta etapa, realizar a curadoria da plataforma de distribuição é fundamental e será a base de divulgação dos projetos de DI, assim como toda a estrutura que o portfólio escolhido precisar se adequar. Considerando os diversos tipos de formatos de mídias (.cptx, .zip, .wmv, .mp3), o *designer* instrucional deve fazer testes e avaliar qual plataforma será mais condizente com os tipos de arquivos que precisará subir no portfólio.

Exemplos de plataformas para criação de portfólio

PLATAFORMA	VERSÃO GRATUITA	INVESTIMENTO APROXIMADO*	SITE	IDIOMA	COMPLEXIDADE
Behance	Sim	Com assinatura de qualquer outro *software* Adobe	Www.behance.net	Português BR, Inglês+	Média
Carbon made	Sim, três meses de teste	US$ 8/mês	Www.carbonmade.com	Inglês	Média
Google sites	Sim	Não tem versão paga	Www.sites.google.com	Português BR, Inglês+	Baixa
Journo Portfolio	Sim	A partir de R$ 12,50/mês	Www.journoportfolio.com	Inglês	Média
Wix	Sim	A partir de R$ 6/mês	Www.wix.com	Português BR, Inglês+	Baixa
Wordpress	Sim	A partir de R$ 25/mês	Www.wordpress.com	Português BR, Inglês+	Média

Fonte: curadoria pela Autora, 2022.

10.4 ATUALIZAÇÃO

A manutenção e atualização do portfólio são essenciais para a boa divulgação do perfil profissional, otimizar as criações já existentes nele e complementar o currículo informacional destaca cada vez mais os novos profissionais no mercado. Os projetos incluídos *online* também não devem ficar parados no tempo, é outro trabalho de DI trazê-los às atualizações tecnológicas, o clichê de que "toda profissão deve evoluir" perpassa também às apresentações dessas criações educacionais.

10.5 DIVULGAÇÃO

Após a estruturação informacional na plataforma digital, o portfólio requer divulgação, é necessário que o profissional promova às redes a sua existência, alinhado ao seu próprio currículo e perfil profissional.

O portfólio servirá como uma "carta de apresentação" ao mercado de trabalho e, consequentemente, contribuirá na propagação da área de *design* instrucional. A entrega de portfólio instrucional à rede deve permanecer sob cuidado do profissional e ser alimentado conforme necessário.

CAPÍTULO 11
FERRAMENTAS DE TRABALHO

O trabalho do *Designer* Instrucional envolve criatividade e inovação, fazendo que sejam criadas mais do que simples propostas de ensino, mas sim experiências de aprendizagem que marquem a trajetória do estudante e despertem um indivíduo de influência ao concluir determinado programa de curso, ou seja, quando um aluno conclui um curso ele deve conseguir ir além: ensinar seus pares sobre o que aprendeu, colocar em prática o conhecimento adquirido por meio de novos projetos, implantar mudanças etc.

Não é tarefa fácil, por isso, para chegar a esse objetivo, o DI precisa de planejamento e organização, e realizar as devidas adaptações instrucionais aos projetos, a começar pelos seus materiais de trabalho, muitos dos quais são herança da área de Gestão de Projetos, e que podem se repetir em outras áreas com nomes diferentes. Sobre essas ferramentas de trabalho que vamos aprender neste capítulo.

Contudo, ao *Designer* iniciante cabe ressaltar aqui dois pontos de atenção:

1. **Quantidade de materiais**: cada projeto educacional tem sua particularidade, portanto, não é regra que todos os materiais devam ser utilizados em um mesmo projeto, bem como os materiais que listaremos somente deverão ser usados. Todo projeto

requer análise cuidadosa de seu macro e micro, bem como público-alvo e demais características que cada um trará.

2. **Nomenclaturas**: com as variadas possibilidades de materiais, é comum à área encontrarmos um mesmo material com nomenclaturas diferentes, também instituições que optam por seu próprio manual de estilo linguístico e normatiza as nomenclaturas e outras ainda que buscam utilizar o que é mais comum no mercado de DI. Mas não há regras de "certo" e "errado", nossa área deve buscar as melhores escolhas para chegar ao objetivo do aprender.

Para nortear o trabalho do *Designer* Instrucional, em todo início de projeto documentações devem ser criadas, pois elas serão responsáveis por organizar e conduzir as equipes envolvidas: de gerenciamento, pedagógica, administrativa, produção etc. Geralmente, toma à frente o gestor de projetos, mas todos os envolvidos poderão fazer uso delas de forma consultiva, assim como, é dever do DI também conhecer essas documentações, pois através delas é que serão também produzidos os materiais da área.

Vale pontuar que essas documentações, muitas vezes, serão determinadas conforme a metodologia escolhida para o projeto, mas não haverá muita divergência entre elas. Antes, vamos conhecer sobre a estrutura fundamental que o DI faz uso para definir os passos fundamentais dos projetos de ensino, a partir de seus objetivos de aprendizagem.

11.1 TAXONOMIA DE BLOOM TRADICIONAL E REVISADA

Também conhecida por **taxonomia dos objetivos de aprendizagem**, é utilizada para definir os objetivos de programas de ensino, seu criador Benjamin Bloom, psicólogo e pedagogo liderou os estudos na década de 1950 com vários outros especialistas dos Estados Unidos. Bloom considerou **aspectos cognitivos, emocionais e psicomotores** para desenvolver essa classificação que tem auxiliado docentes e demais profissionais da educação no planejamento das aulas.

Essa classificação apresenta níveis hierárquicos dos objetivos educacionais, que exigem ao aprendiz compreender seus níveis mais "básicos" para conseguir alcançar a próxima etapa para seu aprendizado completo, de forma gradativa. Cada aspecto é composto por categorias e estas possuem subcategorias que quando aprendidas resultam para o aluno seu conhecimento do todo; encontrados nos programas também como "objetivo geral" e "objetivos específicos".

11.1.1 Domínio cognitivo

Subdivide-se em seis habilidades com ações (definidas por verbos) específicas:

Taxonomia de Bloom: estrutura do domínio cognitivo

CATEGORIA	DESCRIÇÃO
1. Conhecimento	**Definição:** Habilidade de lembrar informações e conteúdos previamente abordados como fatos, datas, palavras, teorias, métodos, classificações, lugares, regras, critérios, procedimentos etc. A habilidade pode envolver lembrar uma significativa quantidade de informação ou fatos específicos. O objetivo principal desta categoria nível é trazer à consciência esses conhecimentos. **Subcategorias:** 1.1 Conhecimento específico: Conhecimento de terminologia; Conhecimento de tendências e sequências; 1.2 Conhecimento de formas e significados relacionados às especificidades do conteúdo: Conhecimento de convenção; Conhecimento de tendência e sequência; Conhecimento de classificação e categoria; Conhecimento de critério; Conhecimento de metodologia; e 1.3 Conhecimento universal e abstração relacionado a um determinado campo de conhecimento: Conhecimento de princípios e generalizações; Conhecimento de teorias e estruturas. **Verbos:** Enumerar, definir, descrever, identificar, denominar, listar, nomear, combinar, realçar, apontar, relembrar, recordar, relacionar, reproduzir, solucionar, declarar, distinguir, rotular, memorizar, ordenar e reconhecer.

2. Compreensão	**Definição:** Habilidade de compreender e dar significado ao conteúdo. Essa habilidade pode ser demonstrada por meio da tradução do conteúdo compreendido para uma nova forma (oral, escrita, diagramas etc.) ou contexto. Nessa categoria, encontra-se a capacidade de entender a informação ou fato, de captar seu significado e de utilizá-la em contextos diferentes. **Subcategorias:** 2.1 Translação; 2.2 Interpretação e 2.3 Extrapolação. **Verbos:** Alterar, construir, converter, decodificar, defender, definir, descrever, distinguir, discriminar, estimar, explicar, generalizar, dar exemplos, ilustrar, inferir, reformular, prever, reescrever, resolver, resumir, classificar, discutir, identificar, interpretar, reconhecer, redefinir, selecionar, situar e traduzir.
3. Aplicação	**Definição:** Habilidade de usar informações, métodos e conteúdos aprendidos em novas situações concretas. Isso pode incluir aplicações de regras, métodos, modelos, conceitos, princípios, leis e teorias. **Verbos:** Aplicar, alterar, programar, demonstrar, desenvolver, descobrir, dramatizar, empregar, ilustrar, interpretar, manipular, modificar, operacionalizar, organizar, prever, preparar, produzir, relatar, resolver, transferir, usar, construir, esboçar, escolher, escrever, operar e praticar.

	Definição:
4. Análise	Habilidade de subdividir o conteúdo em partes menores com a finalidade de entender a estrutura final. Essa habilidade pode incluir a identificação das partes, análise de relacionamento entre as partes e reconhecimento dos princípios organizacionais envolvidos. Identificar partes e suas inter-relações. Nesse ponto é necessário não apenas ter compreendido o conteúdo, mas também a estrutura do objeto de estudo.
	Subcategorias:
	Análise de elementos; Análise de relacionamentos; e Análise de princípios organizacionais.
	Verbos:
	Analisar, reduzir, classificar, comparar, contrastar, determinar, deduzir, diagramar, distinguir, diferenciar, identificar, ilustrar, apontar, inferir, relacionar, selecionar, separar, subdividir, calcular, discriminar, examinar, experimentar, testar, esquematizar e questionar.
5. Síntese	**Definição:**
	Habilidade de agregar e juntar partes com a finalidade de criar um novo todo. Essa habilidade envolve a produção de uma comunicação única (tema ou discurso), um plano de operações (propostas de pesquisas) ou um conjunto de relações abstratas (esquema para classificar informações). Combinar partes não organizadas para formar um "todo".
	Subcategorias:
	5.1 Produção de uma comunicação original; 5.2 Produção de um plano ou propostas de um conjunto de operações; e 5.3 Derivação de um conjunto de relacionamentos abstratos.
	Verbos:
	Categorizar, combinar, compilar, compor, conceber, construir, criar, desenhar, elaborar, estabelecer, explicar, formular, generalizar, inventar, modificar, organizar, originar, planejar, propor, reorganizar, relacionar, revisar, reescrever, resumir, sistematizar, escrever, desenvolver, estruturar, montar e projetar.

	Definição:
	Habilidade de julgar o valor do material (proposta, pesquisa, projeto) para um propósito específico. O julgamento é baseado em critérios bem definidos que podem ser externos (relevância) ou internos (organização) e podem ser fornecidos ou conjuntamente identificados. Julgar o valor do conhecimento.
6. Avaliação	**Subcategorias:**
	6.1 Avaliação em termos de evidências internas; e 6.2 Julgamento em termos de critérios externos.
	Verbos:
	Avaliar, averiguar, escolher, comparar, concluir, contrastar, criticar, decidir, defender, discriminar, explicar, interpretar, justificar, relatar, resolver, resumir, apoiar, validar, escrever um *review* sobre, detectar, estimar, julgar e selecionar.

Fonte: Bloom *et al.* (1956), Bloom (1986), Driscoll (2000) e Krathwohl (2002).

O domínio da cognição está relacionado ao domínio do conhecimento intelectual. Neste ponto, ressalto que a taxonomia passou por revisão, atualização e adaptações conforme necessidade por diversos estudiosos ao longo do tempo, por isso, podem ser encontradas na literatura variações dessas revisões, mas todas estão relacionadas às necessidades das novas formas de aprender.

Comparativo: Taxonomia de Bloom original e revisada

Fonte: adaptada de Faculdade Unina, 2022.

11.1.2 Domínio afetivo

Subdivide-se em cinco áreas habilidades a serem alcançadas. Está relacionado ao desenvolvimento emocional e de afeto, são os valores do ser aliados ao respeito e responsabilidade emocional:

1. Recepção.
2. Resposta.
3. Avaliação.
4. Organização.
5. Caracterização.

11.1.3 Domínio psicomotor

Refere-se às habilidades físicas, ao movimento corporal. Este domínio não chegou a ser completado por Bloom e sua equipe de estudo, contudo são conhecidas cinco subcategorias que foram levantadas por outros pesquisadores ao longo do tempo, sendo:

1. Percepção.

2. Predisposição.

3. Resposta guiada.

4. Resposta mecânica.

5. Resposta completa e clara.

Nota-se que as características cognitivas são as mais utilizadas no processo de construção que o DI encontrará em seu dia a dia, como principal documentação a abordar os verbos das taxonomias está a **matriz de DI**, a qual conheceremos no próximo tópico.

11.2 MATRIZ DE DI

Consiste nos elementos que comporão o curso em si e são apresentados à equipe de desenvolvimento do projeto, através dela poderão ser definidos os passos de execução dos trabalhos dos profissionais envolvidos e a compreensão do projeto como um todo. A matriz DI é o documento majoritariamente encontrado nos processos de *design* instrucional. Seus elementos comuns são: título, descrição, objetivo geral, carga horária, público-alvo, metodologia, recursos e unidades.

Adiante, vamos compreender cada um desses elementos, o ideal é que este documento já apresente os processos definidos do projeto, para que seja suporte dos próximos passos a serem executados. Contudo, ele também é passível de edição ao longo dessas execuções, o que cabe à equipe responsável (pedagógica e gerenciamento, por exemplo) tomar tal decisão e fazer as alterações necessárias.

11.2.1 Título

Refere-se ao título do curso, importante dizer que não é o tema, pois o cadastro de curso já deve trazer o nome definido do projeto, aquele que o aluno verá ao se matricular. O título do curso deve ser atrativo, seja ou não comercial, pois ele será a chamada para o aluno ao aprendizado.

11.2.2 Descrição

Descreve a que se refere o curso, apresenta as metodologias adotadas e quais os recursos utilizados, é o chamariz para o estudante despertar interesse por aquele aprendizado e entender qual será seu caminho de estudo.

11.2.3 Objetivo geral

Aqui o DI deve orientar o público sobre qual o objetivo de aprendizado que se deseja alcançar ao concluir os estudos, os objetivos específicos serão inseridos em cada "unidade" do projeto.

11.2.4 Carga horária

Soma-se à carga horária total do curso, aquela que será informada no certificado de conclusão dos alunos. Algo que confunde o DI iniciante é crer que exista uma "tabela" de predefinição de tempo para os projetos, quando a realidade é outra, um bom projeto deve ter suas mídias calculadas meticulosamente, conforme variáveis como recursos utilizados, público-alvo, tipo de DI utilizado etc.

11.2.5 Público-alvo

Dificilmente um projeto é iniciado sem a definição de seu público-alvo, esta etapa requer pesquisa, para quem será a oferta do curso? Ressalto que público-alvo difere de "persona", e é esta etapa que vai orientar a escolha dos recursos e metodologia do curso. Pode-se redigir de duas formas, ampla ou específica, veja os exemplos:

- **Ampla:** Funcionários que precisam aprender Libras para comunicação básica no ambiente corporativo.
- **Específica:** Funcionários que precisam aprender Libras para comunicação sobre as especificidades técnicas de *smartphones* para vendas a consumidores surdos.

No primeiro exemplo, temos um curso que foca no ensino da Língua Brasileira de Sinais para a comunicação no dia a dia, quando se tem funcionários surdos na empresa, por exemplo, e precisa haver comunicação entre os pares. Enquanto no segundo, os funcionários da área de vendas atingem o público surdo, o que demandará o aprendizado de sinais específicos da Libras para a venda e explicação desses dispositivos para clientes surdos.

11.2.6 Metodologia

A depender do projeto de curso e tipo de *design* instrucional escolhido, uma ou mais metodologias podem ser adotadas, nesta etapa deve ser descrita a escolha que será trabalhada no curso, por exemplo: modelo ADDIE.

11.2.7 Recursos

Compilam-se todos os recursos a serem inseridos no curso, de mídias a demais elementos, como videoaulas, simulações, *podcasts*, *eBooks*, WBTs etc. Um projeto que traz consigo recursos diversos consegue contemplar as múltiplas inteligências e propiciar um aprendizado mais assertivo, mas é necessária cautela ao prever quais serão utilizados, para que não haja poluição visual, desestimulando o acesso dos aprendizes.

11.2.8 Unidades

As unidades, também conhecidas por aulas, devem ser descritas com: objetivos específicos, carga horária, conteúdos que serão expostos. É aqui que se informa o conteúdo detalhado do curso que o aluno vai aprender.

Modelo para Matriz DI

	TÍTULO DO CURSO
Logo da empresa	
Descrição do curso	
Objetivo geral	
Público-alvo	
Metodologia	
Recursos	
Unidades	
Unidade 1	*Descrição breve da unidade.*
Unidade 2	*Descrição breve da unidade.*
Unidade 3	*Descrição breve da unidade.*
Unidade 4	*Descrição breve da unidade.*
Unidade 5	*Descrição breve da unidade.*

Fonte: a Autora, 2022.

11.3 TEXTO

O processo de escrita e roteirização caminham juntos no DI, o conteúdo escrito precede a produção das mídias e, às vezes, até mesmo a escolha e criação da própria plataforma de distribuição. Essas produções devem ter cunho instrucional, porém, geralmente quem as redige são profissionais especialistas do assunto trabalhado, que nem sempre tem domínio de adaptação instrucional e de roteirização de mídias. Assim, o profissional DI recebe o que denominamos "conteúdo bruto" para realizar curadoria; também é de onde surgirão as ideias para os recursos de aprendizagem, e assim os roteiros de mídias.

O texto instrucional deve prender a atenção do aluno para o conteúdo e requer, ao mesmo tempo, a promoção do aprendizado, para isso, algumas técnicas e recursos gráficos podem ser utilizados, vamos conhecê-los!

11.3.1 Dialogicidade

O uso de linguagem dialógica faz o texto conversar com o leitor, técnicas como o *storytelling* e histórias em quadrinhos podem ser utilizadas como recursos de dialogicidade. Nos programas de ensino esta é uma característica crucial, pois é através dessa interação que o aluno vai trilhar seu aprendizado e permanecer entusiasmado com ele do início ao fim.

Ao trabalhar a dialogicidade, o DI deve propor reflexão e provocar o sentimento de pertencimento ao estudante àquele conteúdo; para estabelecer esse diálogo é necessário dispensar o papel antigo que o professor (em nosso caso, o texto) apenas repassa conteúdo enquanto o aluno o recebe de forma passiva:

> Para que o diálogo tenha alguma chance de se desenrolar é preciso que o professor desloque os estudantes de sua zona de conforto. Ao provocar esse incômodo e convocar sua mente para um movimento inesperado, o diálogo ganha enormes possibilidades de crescimento e legitimidade. (BONZATTO, 2013, p. 141)

Propor reflexões ao longo da escrita, utilizar fóruns de debate e até questões de fixação tiram o aprendiz dessa zona de conforto, por isso, o DI deve estar atento à linguagem utilizada nos textos instrucionais e adequá-la ao público-alvo. O bom falante da língua é aquele que adequa sua linguagem ao ambiente no qual está, se não utilizamos os mesmos termos acadêmicos que lemos nos artigos científicos para falar com nossos amigos em uma conversa de bar, então por que os devemos utilizar em textos que promovem o aprendizado fluido? Não faz sentido, devemos ser coerentes na construção do texto instrucional.

11.3.2 Caixas de destaque

São os conhecidos *boxes*, que precedem a seus conteúdos informacionais títulos como "Observação", "Atenção", "Importante" etc., devem ser utilizadas em momentos que o conteúdo precisa informar pontos de atenção ao estudante, destacar alguma informação importante ou propor momentos de reflexão.

Exemplo de caixa de destaque em *eBook*

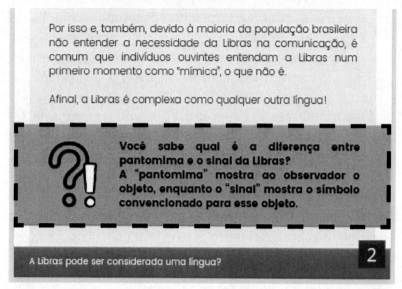

Fonte: Arquivo pessoal, 2022.

11.3.3 Marcadores

Conhecidos também por *bullets*, os marcadores propõem melhor visualização de um conteúdo extenso que necessite ser listado, dessa forma, organiza um conjunto de informações que antes estava unido em linhas corridas de texto dificultando a compreensão.

Exemplo de uso de *bullets*

> *A língua de Sinais teve seu reconhecimento linguístico em 1960, pelo linguista americano William Stokoe, comprovando ter estruturas e categorias gramaticais próprias, bem como um número expressivo de falantes.*
>
> *Mas atenção: a língua de sinais não é universal! Para cada país há a sua nomenclatura, veja alguns exemplos:*
>
> - *ASL (Língua Americana de Sinais);*
> - *LSE (Língua de Sinais Espanhola);*
> - *LMS (Língua Moçambicana de Sinais), entre outras...*

Fonte: Arquivo pessoal, 2022.

11.3.4 Gráficos e tabelas

Esses recursos geralmente compilam dados estatísticos dos conteúdos, é uma forma para que o leitor compreenda melhor os dados levantados, de uma pesquisa científica, por exemplo, e entenda as comparações de forma contextualizada.

11.3.5 Estímulos empáticos

Após um tempo ininterrupto de estudo, nosso cérebro precisa de pausa para poder armazenar o que foi assimilado, nos programas de curso essa técnica também funciona como ferramenta contra a evasão, pois permite ao estudante ter um momento de descanso e se preparar para dar continuidade aos estudos posteriormente, não deixando que o conteúdo se torne cansativo em algum momento.

O DI então pode recorrer aos conhecidos "momentos de pausa", chamando o aluno para tirar alguns minutos de reflexão ou pausa para o café, serve também para colocar a voz ativa do curso mais próxima de quem aprende, humanizando o processo de ensino.

11.3.6 Glossário

São mais comuns aos treinamentos de linguagem técnica, mas como nem todos são detentores de todos os conceitos da área de atuação esse recurso é um bom auxílio para esse "problema", para o DI vale utilizar o glossário para dar suporte ao aprendizado, pode ser colocado diretamente no termo ou produzido material à parte. Para o DI do tipo fixo recomenda-se inserir diretamente no termo, assim, o aluno terá em mãos todo o suporte necessário sem necessidade de recorrer a ferramentas externas de pesquisa.

11.3.7 Linguagem neutra

Certa vez, como graduanda ouvi que ao estar diante de um grande público de mulheres, é comum dar as boas-vindas com "Boa noite a tod**a**s", porém, se vir um homem dentre elas e mudar a fala para "Boa noite a tod**o**s" não quer dizer que a frase foi adaptada porque a língua segue o gênero masculino, mas que, há ali uma questão de ideologia.

Como mulher, compreendo o impacto que discursos direcionados a nós com o gênero marcado para o masculino é excludente, e quando encontrados em ambientes de aprendizado são significativos para tornar ou não quem aprende mais próximo do curso, afinal, é por meio da linguagem que criamos uma comunicação com o nosso público-alvo. Imagine, por exemplo, um curso de "operador de caixa de supermercado", basta perceber nesse ambiente comum de nosso cotidiano – num primeiro momento – que a maioria desses funcionários é do gênero feminino, então pela lógica, o DI poderia priorizar frases como "Seja bem-vind**a** ao curso de operador**a** de caixa" ou "Olá, operador**a**, vamos iniciar mais uma aula!" e elas passariam despercebidas pelo público-geral, até como algo inclusivo e tão somente àquele público sentir proximidade do conteúdo. Mas, será que adotar o feminino traria o operador de caixa de gênero masculino mais próximo do aprendizado *online*? E as pessoas não binárias?

Conforme Othero (org. 2022), cada linguista e estudioso tem uma opinião sobre essas questões na língua, que traz complexidade ao debate e tal discussão **não pode ser ignorada**. Ainda, acrescento, se áreas como a Publicidade, por exemplo, adaptaram seus comerciais televisivos para a inclusão das minorias, por que então com o aprendizado seria diferente? É urgente e "pra ontem" que ao trabalharmos a adaptação instrucional, também consideremos o público diverso, adequando estratégias para que o aprendizado também seja parte da vida dessas pessoas, assim como é natural para o público cis, seja por meio da linguagem, escolha de mídias etc.

Diante disso, o questionamento sobre a linguagem neutra tem tido ênfase nos últimos anos, neste tópico vamos compreender sobre seu uso. Para auxiliar nesse entendimento, exploro o debate organizado por Filho e Othero (2022), no livro

"Linguagem 'neutra': língua e gênero em debate". Nele, Moura e Mader explicam em seu capítulo sobre a neutralidade não existir na gramática:

> (...) se uma gramática apresenta marcações de gênero gramatical, tais marcações servem para segmentar e ordenar os seres humanos de acordo com determinadas categorias, sendo a mais fundamental delas a que separa homens e mulheres. Como consequência, não pode existir uma linguagem neutra do *ponto de vista gramatical*, pois ele define, necessariamente, um recorte das categorias biológicas percebidas no mundo. (FILHO e OTHERO, p. 39, 2022)

Compreende-se então a necessidade e, também, responsabilidade do DI em pensar na linguagem a ser adotada nos planejamentos instrucionais, a fim de trazer todo o público aprendiz para mais perto do texto, e a base desse planejamento está não só no público-alvo, mas em todos os demais que possam se interessar por tal conteúdo de ensino distribuído.

A abordagem "todos e todas" caracteriza inclusão dos gêneros masculino e feminino, respectivamente, enquanto a forma "todes" é utilizada na linguística popular para se referir e incluir também pessoas não-binárias e agêneras. Para o DI que se pergunta sobre a substituição de "aluno" por "estudante", ressalto a explicação de Freitag:

> A marcação de gênero também ocorre por processo de concordância, em nomes comuns de dois gêneros, como o *estudante*, a *estudante*. Existe um conjunto de nomes comuns de dois gêneros relativos a profissões, cuja vogal temática é -a, como em *motorista*,

babá, dentista, frentista. Quando pensamos em motorista, a associação é com o gênero masculino, enquanto quando pensamos em babá, a associação é com o gênero feminino. Por que isso ocorre? Um estudo experimental no português brasileiro mostrou que **a frequência prototípica da profissão interfere na representação gramática**. A distinção da marcação de gênero, **as pessoas constroem representações mentais a partir dos estereótipos de gênero, que sofrem efeitos da frequência e da saliência, parâmetros que também afetam a gramática.** (Grifo meu. Othero, org., 2022 *apud* Pinheiro; Freitag, 2019, p. 64)

Com isso, pode ser utilizada a forma inclusiva "todes", já as marcações "@" e "x" usadas inicialmente não são mais consideradas (tod@s e todxs, por exemplo), por excluírem pessoas com deficiência visual, tendo em vista que tecnologias para leitura usadas por esse público não são lidas. Mas, então, devemos priorizar o "Olá a todos, a todas e a todes" ou o "Olá a todes"? Cavalcante (Othero, org. 2022) explica que o primeiro uso diferencia pessoas não binárias, enquanto a segunda forma abrange todas as pessoas; vemos que o assunto é mais conceitual do que gramático, e como grifei inicialmente, essa é uma questão que não deve ser ignorada.

Assim, cabe também ao DI garantir o respeito e inclusão, seja por meio da adaptação instrucional de mídias ou texto, bem como acompanhar as mudanças linguísticas e sociais, conforme a descrição sumária de cargo na CBO: atuamos para facilitar o processo da comunicação entre a comunidade escolar e suas associações de vínculo.

11.3.8 *Call to action* (CTA)

Termo conhecido na área de Publicidade e Propaganda, o CTA diz respeito à chamada para ação, normalmente é aplicada pelo DI em três momentos:

- Antecedendo atividades;
- Início de assuntos;
- Conclusão de assuntos.

Exemplo de uso da CTA em *eBook*

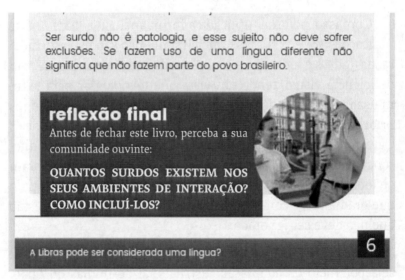

Fonte: Arquivo pessoal, 2022.

A *call to action* deve instigar o leitor para alguma ação após concluir a atividade atual, como iniciar a proposta de atividade, o estudo de uma disciplina ou dar continuidade ao assunto estudado, seja por meio de situações-problema ou pesquisas extras.

CAPÍTULO 12
PLATAFORMAS DE DISTRIBUIÇÃO

Um Ambiente Virtual de Aprendizagem (AVA) será bastante comum na atuação do DI que trabalha com projetos distribuídos *online*, afinal é a plataforma onde serão inseridos os conteúdos do curso, é a via de acesso principal do estudante ao seu aprendizado. No mercado podemos encontrar diversas nomenclaturas, cada qual com sua especificidade, assunto mais detalhado para outro livro, entre as principais estão a *Learning Management System* (LMS) e a *Learning Experience Platform* (LXP), ambientes como *Moodle e Blackboard*.

Popularizam-se também as *learning streaming platforms* (LSP), que funcionam como uma atualização dos cursos de prateleira, em que unem conteúdos de assuntos corporativos de forma inovativa para o usuário aprender como se assistisse a uma série similar ao formato encontrado na Netflix, só que ao invés de cinematografia tomam esses espaços os vídeos educacionais. Elas oferecem, ao mesmo tempo, um custo-benefício para perfis de estudantes que precisam acelerar o desenvolvimento de competências. São exemplos desse modelo a Conquer Plus (Escola Conquer) e a LearningFlix (Revvo).

O DI alinhado às inovações do mercado encontrará similaridades de administração nessas plataformas, e surge a necessidade de compreender quais formatos e recursos de mídias condizem ao comportamento desses ambientes.

CAPÍTULO 13
FERRAMENTAS DE AUTORIA

As ferramentas de autoria costumam ser utilizadas pelo *Designer* Instrucional na produção de telas interativas

13.1 *Adobe Captivate*

É um *software* da empresa Adobe, que permite a criação de apresentações/cursos a serem distribuídos *online*, através dele o DI pode criar telas conhecidas por *storyboards*, simulações de sistemas, tutoriais e telas, vídeos interativos, questões, entre outras funções relacionadas ao *e-learning*.

Figura - Tela de projetos disponibilizados pelo *Adobe Captivate*

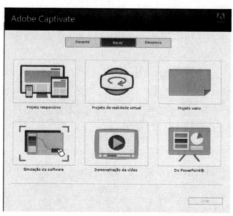

Fonte: captura pela autora. *Software Adobe Captivate*, 2022.

Menu de recursos disponibilizados pelo *Adobe Captivate*

Fonte: captura pela autora. *Software Adobe Captivate,* 2022.

13.2 *Articulate*

Um dos concorrentes diretos do *Adobe Captivate*, o *Articulate* é outra ferramenta de autoria bastante comum nas produções de *Design* Instrucional. Esse *software* subdivide-se atualmente em "Storyline 360", "Studio 360" e "Rise" como principais para criação de cursos, entre outros aplicativos para auxiliar nas produções do DI. Com o *Storyline* 360, por exemplo, o criador pode usufruir de recursos para desenvolver cenas de *storyboards*, os compondo com interatividades conhecidas de navegabilidade de tela: ir/vir, narração, legenda, transições; assim como inserir simulações, vídeos, efeitos gráficos diversos, questões interativas etc.

FERRAMENTAS DE AUTORIA   97

Tela principal do *Storyline* 360

Fonte: captura pela autora. *Software Adobe Captivate*, 2022.

Painel de recursos disponibilizados pelo *Storyline* 360

Fonte: captura pela autora. *Software Adobe Captivate*, 2022.

Tanto *Captivate* como *Articulate* possibilitam a publicação nos formatos Scorm e xAPI, que conheceremos adiante.

13.3 *Genial.ly*

O *Genially* recentemente ganhou sua versão em português, os recursos oferecidos são bastante parecidos com os do *Captivate* e *Articulate*, porém pode ser trabalhado de forma *online*, sem a necessidade de fazer o *download* do *software*. Outra vantagem, a ferramenta também possibilita que mais de um usuário trabalhe nela ao mesmo tempo.

Fonte: captura pela Autora. Plataforma Genial.ly, 2022.

Exemplo de tela de criação do Genially

Fonte: captura pela Autora. Plataforma Genial.ly, 2022.

13.4 *H5P*

O *H5P* se destaca pelos recursos gratuitos e abertos que oferece para HTML5, ele gera e permite a criação dos elementos que todas as ferramentas citadas geram, além de poder fazer o reuso de criações disponibilizadas, porém, conteúdos mais interativos que podem ser separados e fáceis de inserir nos ambientes virtuais, o *Moodle*, por exemplo, traz *plugin* para sua inserção.

Exemplo de tela de criação no H5P

Fonte: captura pela autora, Plataforma H5P, 2022.

As ferramentas de autoria são diversas e trazem consigo similaridades, até mesmo o *Power Point*, da Microsoft, pode ser utilizado para essa finalidade, caberá ao DI analisar as necessidades dos projetos e trabalhar sua criatividade nas produções. Para isso, ele deve estar alinhado aos elementos de composição do projeto, quais são os recursos midiáticos e gráficos utilizados para compor o ensino *online*, bem como público-alvo e demais caraterísticas acordadas.

Veja outras ferramentas de autoria existentes no mercado para uso do *Designer* Instrucional:

- 7Taps: www.7taps.com
- Adapt Learning: www.adaptlearning.org
- Applique: www.applique.com.br
- Course lab: www.courselab.com
- Elucidat: www.elucidat.com
- Glomaq: glomaker.software.informer.com/3.0
- IsEazy: www.iseazy.com
- Lectora: www.lectoraonline.com

- Lumi: next.lumi.education

A maioria das empresas que oferece essas ferramentas também dispõe de academias de ensino gratuito próprias, momento em que o DI deve ativar suas habilidades para os novos aprendizados.

Como todas seguem uma estrutura lógica de apresentação: tela principal de produção, elementos de criação (ícones, personagens, botões, formas etc.), inserção de áudio, vídeo, linha do tempo, modos de personalização (cor, tamanho, recorte etc.), o profissional alinhado a essas competências terá facilidade em trocar e se adaptar a elas.

CAPÍTULO 14
ELEMENTOS DE COMPOSIÇÃO DO PROJETO

Antes de conhecer quais são esses elementos, o DI precisa entender qual a diferença entre recurso educacional e objeto de aprendizagem:

- **Recurso educacional**: caracteriza-se por todo meio que auxilie no enriquecimento do processo de ensino-aprendizagem. Exemplos: quadro-branco, livros, mídias digitais etc. No digital subdivide-se em:

  » **Abertos**: quando tem licença de uso aberta, flexíveis para o compartilhamento entre educadores, geralmente gratuitos.
  » **Fechados**: com licenças fechadas e uso restrito devido a seus direitos autorais, geralmente liberados gratuitamente mediante cadastro e referência ou planos pagos.

- **Objeto de aprendizagem**: são os recursos educacionais utilizados. Exemplos: vídeo, simulação, *eBook*, *podcast* etc.

A escolha dos recursos, mídias e demais elementos que comporão um projeto deve ser minuciosa, sempre aderente ao público-alvo e objetivos do projeto, pense, por exemplo, que você precisa demonstrar as características dos tons de voz e atuação para um curso de dublagem, claro que um texto bem escrito conseguirá fazer com que o estudante entenda quais são elas, mas agora imagine inserir um *podcast* em que um dublador demonstra com sua própria voz e experiência de profissão esses exemplos, muito mais fácil de visualizar! Da mesma forma que para um curso de escrita, fará mais sentido um *eBook* demonstrando estilos de texto do que um *podcast* com eles narrados.

Aí entra o *designer*, realizando a adequação instrucional, curadoria de mídias já existentes, e indicando quais são os elementos mais indicados para aquele projeto e avaliando qual nível de complexidade: baixo, médio ou alto faz sentido no processo de ensino-aprendizagem. Dentre esses elementos de composição, o profissional pode encontrar:

14.1 VÍDEO E VIDEOAULA

Os vídeos caracterizam-se por imagens em movimento, com registro de tempo (horas/minutos/segundos), com ou sem áudio, de forma eletrônica. Sua distribuição para curso geralmente ocorre através de redes como YouTube e Vimeo ou embedados em ambientes de aprendizado. Não é recomendado inserir este tipo de mídia como forma de *download* para o estudante, pois demanda espaço em disco e tempo maior para isso.

As videoaulas são caracterizadas pela instrução por profissional especialista através de aula atrelada ao vídeo, seja com o professor aparecendo em tela ou sua locução. Por isso, um vídeo com locução nem sempre será uma videoaula! Pode ou não apresentar o conteúdo simultaneamente à explicação do professor.

Figura – Videoaula com professor em cena

Fonte: Canal Aula Livre, no YouTube. Disponível em: https://www.youtube.com/c/AulalivreNetPlus. Acesso em ago./2018.

Esta mídia costuma atender alunos com inteligência visual e auditiva, mas o DI deve ter cuidado ao planejar o roteiro de vídeo, atentando-se ao tempo do recurso, são recomendados vídeos curtos com introduções e vinhetas breves. Em uma pesquisa realizada pelo professor Ramesh Sitaraman (2012) sobre o comportamento do espectador de vídeo, descobriu-se que essas mídias quando demoram mais de 2 segundos para serem carregadas têm maiores chances de serem abandonadas, inclusive há 6% de chance por segundo que passa das pessoas fecharem a janela de mídia.

Assim, o DI precisa ser criativo e usar de outros recursos como efeitos sonoros e *storytelling* para prender a atenção do aprendiz.

Softwares utilizados para produção: *Adobe Premiére, Camtasia, Sony Vegas, Canva* etc.

14.2 SIMULAÇÃO

Apresentada geralmente em forma de atividade de fixação ou avaliativa, sua característica é simular processos em que o aluno será inserido no pós aprendizado, os formatos mais comuns são:

- Imersão em ambientes;
- Aprendizado de sistemas;
- Aprendizado de processos técnicos; e
- Normatização de processos.

As simulações precisam aproximar o estudante da atividade que ele executará ao fim do seu aprendizado, devendo ser o mais fiel possível à sua realidade pós-curso. Alguns *softwares* de *e-learning* ajudam o DI a desenhar simulações de sistemas *online*, mas também há os simuladores de equipamentos físicos, como em treinamentos para voo, direção automotiva e confrontos bélicos.

Softwares para criação: *Adobe Captivate, Adobe Storyline* etc.

14.3 *PODCAST*

Multimídia de áudio, distribuída de forma eletrônica e definida por tempo (hora, minutos e segundos). O *podcast* é similar a programas de rádio, mas seu conteúdo ultrapassa o informacional, através dele podem ser trabalhados diversos outros assuntos, com ele o DI pode planejar um aprendizado mais interativo, podendo inserir nele itens como:

- Diálogos/conversação em cursos de idiomas;
- Dicas;
- Exemplos de sons;
- Reforço de conteúdo. e
- Entrevistas etc.

Podcasts podem ser encontrados em plataformas como *Spotify* e *Deezer*, mas foram inseridos no ambiente educacional e conseguem atender aos estudantes que precisam conciliar o aprendizado a outras atividades de rotina.

Ideal para o público adulto, por exemplo, os *podcasts* passaram a ser utilizados por quem enfrenta horas de deslocamentos geográficos casa/trabalho-trabalho/casa, por isso, ao usar essa mídia, o DI deve ser criativo e pensar em formas de criar um roteiro que prenda a atenção de quem ouvirá o conteúdo.

Softwares para produção: *Anchor, Adobe Audition, Audacity*, etc.

14.4 FÓRUM

São grupos de interação entre os alunos, neles são definidos temas de discussão entre os participantes. Geralmente são criados dentro das próprias plataformas de ensino, mas também podem ser trabalhados fora desses ambientes. As propostas inseridas nos fóruns vão de temas amplos de debate, perguntas direcionadas a situações-problema para resolução, a depender também do tipo de DI escolhido para o projeto.

14.5 *EBOOK*

Também conhecido por "livro digital" geralmente é encontrado nas extensões de .pdf ou epub, mas há diversas outras, podendo ou não ser interativo, torna-se um recurso de apoio ao estudante. O DI deve ter cuidado ao prever esse tipo de mídia, para que ela não substitua o conteúdo do curso e não se torne uma simples transposição de texto. O *eBook* também requer planejamento, faz uso de técnicas de escrita e, dependendo do seu formato ainda permite embedar outras mídias em si, como vídeo e *podcast*.

Softwares para criação de *eBook*: *Creatavist, Lucidpress, Adobe InDesign, Scrivener, Scribus, MS Word, Google Docs, YWriter, Canva* etc.

14.6 INFOGRÁFICO

Segue lógica parecida com a dos gráficos e tabelas, porém, trabalham com maior quantidade de recursos visuais e não necessariamente trazem dados estatísticos, é uma possibilidade para sintetizar conteúdos extensos e que precisem ter destaque.

Exemplo de infográfico

COMO PLANEJAR UMA ROTINA DE ESTUDOS

VFL, por Elis Silva

Rotina pode ser algo ruim se não planejada corretamente, neste infográfico vou te auxiliar a se organizar melhor nos horários, através da rotina que nomeei como VFL (Vida-Foco-Lazer). No começo parece complicado, mas acredite: é possível se adaptar e encaixar tudinho no seu dia a dia, e sobra tempo até para aquele happy hour maroto!

1. Escreva suas atividades

Relacione as atividades desde a hora que você levanta até a hora em que vai dormir. Separe as atividades em 3 colunas (VFL):
- Vida: atividades essenciais
- Foco: seus estudos
- Lazer: momento do "happy hour".

2. Defina a duração

Coloque ao lado de cada atividade seu **tempo de duração**, para os estudos particulares, em casa mesmo, eu aconselho no máximo dedicar de 2 a 3 horas por dia. Sugestão: Método Pomodoro.

3. Escolha uma agenda

Nesta etapa você precisa escolher apenas UMA agenda, seja física ou tenológica, nada de colocar suas tarefas em vários lugares. É preciso se educar para que tudo fique concentrado em apenas um lugar! Depois a preencha com as atividades. Sugestão: Google Agenda.

4. Ambiente-se com a rotina

O ideal é que você a pratique por no mínimo 21 dias, depois você terá se acostumado e gravado tudo mentalmente, sem precisar da agenda inicial que você usou!

E SE CHEGAR O DIA EM QUE EU ME CANSAR DA ROTINA? SEM PROBLEMAS, CRIE UM "DIA DO LIXO" PARA ELA, FAÇA NELE O QUE QUISER, OU NÃO FAÇA NADA!

Fonte: A autora, 2019.

14.7 *STORYBOARD*

Bastante conhecido nos treinamentos tradicionais e que utilizam o tipo de DI fixo, refere-se ao documento que organiza um processo de ensino de forma gráfica, ou seja, telas interativas que levam o conteúdo ao estudante através de navegação eletrônica, geralmente são adaptados para navegação horizontal ou vertical, possibilitando aos envolvidos no projeto terem visão ampla e detalhada do produto final que o aluno receberá.

Pode apresentar elementos de gamificação e demais recursos educacionais. Não confunda o termo *storyboard* com o processo de escrita chamado *storytelling*! Geralmente, o *storytelling* é utilizado para narrar o *storyboard*, é uma técnica de escrita, a qual conta uma história através do conteúdo textual, por isso seu enredo precisa ser bem elaborado, com início, meio e fim, utilizando de recursos literários, como peripécias e clímax, enquanto o *storyboard* atua como a exibição gráfica desses elementos.

Modelo de *storyboard*

	INFORMAÇÕES TÉCNICAS SOBRE O CURSO
TÍTULO DO CURSO:	
VERSÃO+DATA:	
DESIGNER INSTRUCIONAL RESPONSÁVEL:	

ORIENTAÇÃO À EQUIPE DE PRODUÇÃO

ESPAÇO DE CRIAÇÃO DO CONTEÚDO

Fonte: adaptado de Filatro (2019).

A escolha de *storyboard* varia por empresa e projeto, podendo ser elaborado e depois transposto para ferramenta de autoria e publicação; trabalhado diretamente na ferramenta de autoria e até mesmo nem ter necessidade, como é o caso de cursos que optam por distribuição direta em mídias de vídeo.

CAPÍTULO 15
TIPOS DE AVALIAÇÃO

A elaboração de um processo avaliativo deve considerar os objetivos de aprendizagem geral e específicos, pois servirá para o DI verificar se eles foram atingidos tanto no final quanto no desempenho do pós-curso, esses dados auxiliarão também nas coletas pelos *softwares* de Big Data. Para tal escrita também há técnicas e encontramos três tipos:

15.1 DIAGNÓSTICA

Mapeia-se competências e habilidades de um determinado grupo ou indivíduo para entender as necessidades de ensino, assim, pode também servir como avaliação de nivelamento, assim o projeto de curso pode ser mais direcionado àquele público. Esse tipo de avaliação geralmente formulado através de pré-testes.

15.2 SOMATIVA

São as avaliações que se somam e entregam resultado ao fim do curso, sua finalidade é avaliar se os objetivos de aprendizagem foram alcançados ao longo das unidades e curso geral.

Pode ser encontrado nos recursos de aprovação em atividades sequenciais que vão se somando em pequenas parcelas de notas para compor um valor total de aprovação.

15.3 FORMATIVA

Avalia todo o processo de ensino-aprendizagem e pode ser alterada ao longo do curso, permite acompanhar mais de perto o engajamento do aluno com o conteúdo. São exemplos de avaliação formativa programas que trabalham o desenvolvimento de projetos, etapas que o aluno precisa executar para entregar um projeto final, o qual foi construído ao longo de todo o curso.

CAPÍTULO 16
METODOLOGIAS

As metodologias consistem em orientar os processos de ensino, é através delas que uma equipe vai se guiar para definir os recursos a serem inseridos no projeto e, também, escolher quais delas melhor atenderão o público-alvo. Um projeto pode trabalhar com uma ou mais metodologias e com o avanço tecnológico muito tem se falado sobre as **metodologias ativas**, estratégias que provocam o aluno a ser proativo em seu próprio aprendizado. Neste capítulo vamos conhecer os principais modelos encontrados pelo *design* instrucional, bem como as novas possibilidades para o ensino.

É preciso também diferenciar para qual proposta uma metodologia será utilizada no programa de curso, se no seu processo de gestão ou educacional. Para isso vamos iniciar compreendendo as principais utilizadas na gestão dos projetos.

16.1 *ADDIE*

O *ADDIE* é um dos modelos mais comuns de ser encontrados nas práticas de *design* instrucional, e permite organizar e planejar o projeto educacional. Criado pela *Florida State University* a fim de atender o Exército Norte Americano. Sua sigla se refere a cinco etapas sequenciais:

16.1.1 A – *Analyze,* Análise

Define-se, nesta etapa, a base sólida do projeto, onde serão coletadas as informações iniciais do trabalho para o desenvolvimento de curso, é composta pelo público-alvo, objetivos de aprendizagem, pré-requisitos, mídias etc., ou seja, a estrutura que vai possibilitar o desenvolvimento do curso e na qual as atividades serão norteadas.

16.1.2 D – *Design,* Desenho

Definição da equipe de trabalho e desenho das ferramentas que comporão o curso, lembrando o "Plano de Curso" pedagógico dos cursos presenciais, nesta etapa será planejada a grade curricular de aprendizado. Avalia-se como os objetivos serão atingidos.

16.1.3 D – *Develop,* Desenvolvimento

Etapa de produção, geralmente onde o *Designer* Instrucional Junior atua, as mídias são adaptadas ao público-alvo levantado na etapa de análise. É formulada e criada a plataforma de distribuição do curso, e também organizada a equipe de trabalho do projeto.

16.1.4 I – *Implement,* Implementação

Etapa na qual as tarefas desenvolvidas são distribuídas para acesso e ensino-aprendizado, também onde ocorre a proposta do *design* instrucional.

16.1.5 E – *Evaluate,* Avaliação

Obtém-se os *feedbacks* do projeto implementado, é o momento de reavaliar se a proposta teve o efeito desejado no ensino-aprendizagem. Nesta etapa também se avalia a continuidade do projeto e suas necessidades de atualização.

16.2 *SUCCESSIVE APPROXIMATION MODEL* (SAM)

Desenvolvido pela empresa Allen Interactions, este modelo é um pouco similar ao ADDIE, apresenta seis estágios de produção entre *design* e desenvolvimento, mas seu diferencial é permitir voltar a estágios do projeto e realizar alterações sem ter grande impacto nas demais fases.

16.3 *KANBAM*

Um modelo de gestão de projetos faz uso de cartões (*post-its*) onde cada um apresenta uma atividade, as quais são separadas em grupos de execução. Exemplo de uso dessa ferramenta é a plataforma *online Trello* (www.trello.com) que pode ser testada de forma gratuita. Neste modelo, o cliente espera por etapas já concluídas, podem ou não serem devolvidas para alteração, mas o modelo tem foco em agilizar as etapas.

16.4 LEAN

Define-se a metodologia *Lean* quando há intencionalidade em reduzir o desperdício dos recursos que compõem o projeto, com isso, seu foco é no uso e otimização dos custos, devido a essa característica, os projetos deixam de ser complexos e tomam uma forma mais sintetizada.

16.5 SCRUM

Apesar de ser considerado também um método ágil, o *Scrum* tem seu uso em projetos com maior complexidade, requerendo mais tempo, tem foco nas pessoas envolvidas no projeto e é subdividido em ciclos ou semanas, ao longo de sua execução também são definidos *sprints* (reuniões/encontros rápidos) que facilitam revisar etapas de produção.

16.6 DESIGN THINKING (DT)

Como o próprio nome sugere, esse modelo traça os rumos do projeto educacional baseando-se na criatividade, assim, o desenvolvimento de um curso é baseado nas necessidades do aluno. Rolf Faste, professor da Stanford University, cunhou o termo em 1973 que foi popularizado posteriormente por David Kelley, fundador da empresa IDEO, esta que vem se utilizando de um *design* mais humano para ajudar na inovação e crescimento global das organizações. Dessa forma, os passos que são dados através do uso do DT vão se personalizando de acordo com o público-alvo, sempre colocando as pessoas no centro das decisões do projeto.

> O *design thinking* é uma abordagem que se inspira na forma como os *designers* atuam para resolver problemas, originária do *design* centrado no humano. Podemos dizer que, ao cunhar esse termo, seus criadores buscavam reconceituar a própria área, acentuando que a característica mais importante do profissional que atua com o *design* é sua capacidade de propor soluções baseadas nas necessidades das pessoas e nos contextos e com um olhar sistêmico. Assim, rompia-se com a visão comumente associada ao *design*, como desenvolvimento de produtos esteticamente diferenciados. (MORAN, org., 2018, p. 156)

O *Design Thinking* apresenta quatro principais características: empatia, colaboração, criatividade e otimismo. O DT ainda traz uma etapa de produção não linear – a qual inclusive inspirou a criação do método Trahentem, por Flora Alves, que veremos em seguida – dividida em:

Etapas do *Design Thinking*

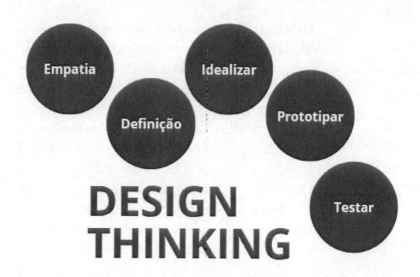

Fonte: Adaptado de Flora Alves (2016, p. 42).

16.6.1 Empatia

Fase na qual se deve buscar aproximação ao público e área que será trabalhada, a empatia deve repercutir em todas as fases do DT e requer pesquisa para conhecer o público-alvo, suas reais necessidades, é necessário encontrar proximidade ao público, compreendendo sua realidade.

16.6.2 Definição

Realiza-se a coleta dos dados por meio de entrevista ou pesquisa direciona ao público-alvo, é neste momento que se utiliza o "mapa da empatia", que levanta perguntas específicas para investigar as dores do aluno.

16.6.3 Idealizar

Refere-se ao mapeamento das necessidades dos alunos, fase ideal para uso de *brainstorm* com o grupo de aprendizes, e no qual podem participar de forma mais ativa, externando as ideias e oportunizando o DI a gerir os caminhos pelo qual o projeto poderá seguir.

16.6.4 Prototipar

Quando menciono que o DI precisa ser um profissional curioso e "testador", essa é a fase ideal para colocar essas habilidades em ação, nela são criados os protótipos dos elementos do projeto, quando se dá "vida" aos recursos e se permite aos alunos retornarem *feedbacks*.

16.6.5 Testar

Etapa em que os envolvidos no projeto realizam testes do produto criado, é a experimentação do usuário. Ressalto que, a testagem no DT pode estar elencada em todo o projeto, que não é linear.

16.7 *TRAHENTEM*

Esta metodologia, desenvolvida por Flora Alves, tem semelhança ao DT, mas não são iguais, Alves (2016) explica que a Metodologia Trahentem combina a empatia dotada no DT ao colocar as pessoas centro do processo de *Design* de Aprendizagem, aliando o uso de três modelos de Canvas em seu processo, e facilita ao DI ter agilidade e exercitar a criatividade na sua execução.

A partir daqui vamos compreender algumas metodologias mais comuns ao processo de ensino, as quais o DI pode tratar tanto para projetos presenciais quanto *online*, as chamadas metodologias ativas!

16.8 *BLENDED LEARNING*

O ensino híbrido ou *b-learning*, que passa a ser comum no mundo "pós-pandemia" e o qual passaremos a ouvir falar muito ainda, esse modelo combina o ensino *online* com o presencial, e facilita o aprendizado ao mesclar esses dois tipos, pois o aluno pode comparecer à sala de aula para aprender conteúdos que demandam práticas presenciais e, para os demais programas do curso ter autonomia ao conduzir seu próprio aprendizado. É um modelo em que a sala de aula invertida pode também ser aplicada, ou seja, quando o aprendiz estuda previamente o conteúdo que vai aprender em síncrono com o professor.

16.9 GAMIFICAÇÃO

É importante ressaltar que o *Designer* Instrucional utiliza os elementos de games em suas adaptações instrucionais, claro que pode ocorrer o desenvolvimento completo de um game, mas não necessariamente será sempre assim. As estratégias de gamificação passaram a ser bastante utilizadas em projetos de andragogia, pois prendem a atenção e aumentam o engajamento desse público. Exemplo disso é o aplicativo de aprendizado de idiomas *Duolingo*, que se utiliza dos elementos de gamificação do início ao fim:

DESIGN INSTRUCIONAL

Figura – Telas do aplicativo Duolingo

Fonte: captura pela Autora. Aplicativo Duolingo, 2022.

16.10 *PROJECT BASED LEARNING* (PBL)

A aprendizagem baseada em projetos prevê atividades em grupo, são bastante utilizadas em cursos síncronos, quando o tutor propõe exercícios relacionados à situação-problema, sendo comumente encontrados no DI aberto.

16.11 *TEAM BASED LEARNING* (TBL)

Desenvolvida por Larry Michaelsen, professor da Universidade de Oklahoma, a TBL refere-se à aprendizagem baseada em times, a qual propõe a um grupo de alunos exercitar suas habilidades de proatividade, colaboração, criticidade de pensamento e interação. Neste modelo, o tutor atua como mediador da equipe.

CAPÍTULO 17
ÁREAS DE APOIO

É comum ao *Designer* Instrucional trabalhar em projetos com equipes multidisciplinares, assim, dificilmente realizará algum trabalho sozinho, por isso é importante conhecer os profissionais que podem atuar em conjunto num projeto educacional. Não é regra que um projeto tenha um profissional específico para cada atividade, seria o ideal, mas devido a custos e cronograma, tornou-se comum alguns profissionais executarem mais de uma dessas tarefas.

17.1 CONTEUDISTA

É o profissional que escreve o conteúdo do projeto em que o *Designer* Instrucional vai trabalhar e realizar a adequação instrucional, geralmente o conteúdo chega ao DI de forma chamada "bruta", ou seja, sem indicação de recursos audiovisuais, revisão textual ou diagramação. Requer formação relacionada ao tema de escrita, o especialista do conteúdo do projeto usa de suas competências e possui os materiais de referência da área.

Mas sua atividade não exclui a possibilidade de indicar mídias e desenvolver atividades/questões, deve se preocupar também com a metodologia de ensino e objetivos de aprendizagem do aluno, nas quais vai se basear para o desenvolvimento do conteúdo.

17.2 *DESIGNER* GRÁFICO E *WEB DESIGNER*

São responsáveis pelo desenvolvimento da estética do curso e seus recursos gráficos, podendo desenvolver as telas das unidades, como WBTs e H5P, mídias etc. a partir da roteirização pelo DI, talvez seja um dos profissionais que o *Designer* Instrucional tenha comunicação mais direta quanto à produção. A área de formação deste profissional costuma ser *Web Design*, *Design* Gráfico e relacionadas.

17.3 DIAGRAMADOR

Este profissional realiza a organização dos elementos gráficos e textuais, que propiciam ao estudante uma leitura mais agradável. Pode atuar também na melhoria das próprias, nos *eBooks*, material impresso etc. Sua área de formação e em *Design* ou *Design* Gráfico.

17.4 ILUSTRADOR

É responsável não só por produzir as ilustrações, mas se dedica à expressão artística na ilustração, tornando-se fundamental na criação de projetos únicos e inovativos, pois conseguem através de suas criações despertar o pensamento reflexivo no aluno por meio da ilustração, trabalha junto à área de *design*. A formação geralmente é em *Design* ou Artes Visuais.

17.5 PROGRAMADOR

Geralmente é este o profissional que vai "colocar o curso ar", pois desenvolve o ambiente virtual do projeto, e demais plataformas e softwares relacionados ao projeto, sua formação acadêmica está ligada à Ciência da Computação, Sistemas de Informação, Análise de Sistemas etc.

17.6 LOCUTOR

Atua na locução das diversas mídias de áudio do projeto: vídeos, *podcasts*, aulas, atividades etc. Um projeto que adquira o profissional de locução com formação trará um diferencial para qualquer projeto EaD. A voz profissional ao narrar conteúdos também atua para que a informação seja envolvente para quem ouve. Sua formação costuma ser em Artes Cênicas, Comunicação e Dublagem.

17.7 GERENTE DE PROJETOS

Atua com a equipe pedagógica e toma a frente das atividades do projeto, ele quem será o responsável pela cobrança das entregas, lidando com as partes burocráticas, conflitos e riscos que possam surgir no andamento do curso.

Possui domínio sobre as ferramentas técnicas de gerenciamento, é quem vai colocar em execução o PDCA (*Plan, Do, Check and Act*) do ciclo de vida do projeto educacional e gerenciar os valores utilizados em cada etapa de desenvolvimento, sua área de formação costuma ser Administração e Gestão de Projetos.

17.8 PEDAGOGO

Indispensável, esse profissional auxilia no campo pedagógico, e é essencial em todas as etapas, do início ao pós-curso, acompanhando todo o processo de ensino-aprendizagem, é quem domina as teorias pedagógicas e as alia às necessidades de aprendizagem determinadas, sua formação é em Pedagogia ou licenciaturas.

17.9 *USER EXPERIENCE* (UX)

A *UX* pode ser considerada uma das novas áreas que tem trabalhado junto ao DI e para a qual esses profissionais têm ficado atentos quanto às novas habilidades que podem ser incorporadas no processo instrucional.

Este profissional investiga detalhadamente a utilidade de um produto/serviço para seu cliente, a usabilidade desse conteúdo para quem o recebe e precisará interagir com ele, bem como seu encantamento: há prazer no que se propõe ao receptor final? Este profissional auxiliará na compreensão de como o aluno poderá interagir melhor com o conteúdo de aprendizado.

Essa relação de profissionais que podem ser encontrados em um projeto não extingue o encontro de *Designer* Instrucionais com tais competências para assumirem maiores partes de um projeto educacional, bem como novas profissionais que surgem a cada avanço tecnológico e compõem as equipes de produção, como UX e UI *designers*, *Tech Writers*, *Designers* Conversacionais, entre outros.

CAPÍTULO 18

TECNOLOGIAS

Na Licenciatura aprendi que "tecnologia" relaciona-se aos objetos físicos: giz, lousa, caderno, plano de aula etc., ou seja, tudo aquilo que serve como ponte para o aprendizado, todo recurso que possibilita a quem ensina levar ao aluno diferentes formas para o aprender, seja por meio de texto, imagens, brincadeiras, vídeos etc. Tecnologia na educação compreende todo o conjunto de técnicas utilizado para projetar o conhecimento, mas como será que tecnologia se aplica ao *Design* Instrucional quando em sua maioria está envolvido ao digital?

O DI se utilizará das tecnologias digitais para otimizar seus projetos, e o bom uso delas é que resultará na importância da sua aplicação, contudo, conhecer as tecnologias existentes não só basta, é importante entender onde e como elas podem ser aplicadas, pois para cada projeto, objeto de estudo, objetivos de aprendizagem existe um "onde chegar", fazendo com que esses recursos devam se encaixar às suas propostas de ensino. O que consideramos "novas tecnologias", por exemplo, podem não ter o mesmo significado para comunidades ribeirinhas onde o acesso à internet ainda é escasso, bem como as divulgadas listas de mídias de uso para criação de objetos educacionais, para usuários privilegiados com acesso a redes sociais e internet de boa qualidade, ficam desatualizadas com frequência, devido à rapidez tecnológica; exigem que o profissional DI saiba curar essa infinidade de tecnologia existente.

E a cartela para curadoria realmente é diversa: uso de *drones*, gamificação, adaptação ao *mobile*, IA, realidades virtual e aumentada até as recentes discussões sobre o metaverso na educação. Não podemos discordar que essas inserções trazem uma mudança significativa ao que era a educação 2.0 para trás ao que é hoje. Segundo levantamento do projeto global Reinventando o Futuro, organizado pelo PWC, são oito as novas tecnologias:

- *Blockchain.*
- *Drones.*
- Impressão 3D.
- Inteligência artificial.
- Internet das coisas.
- Realidade aumentada.
- Realidade virtual.
- Robótica.

Essas e outras, como o Metaverso, já podem ser encontradas nas abordagens e adaptações instrucionais realizadas pelo *Designer* Instrucional.

18.1 EDUCAÇÃO 3.0 E ALÉM

As tradicionais Educação 1.0 e 2.0 que compreendiam os formatos sala de aula física entre quatro paredes com um professor à frente, visto como detentor de todo o conhecimento e quase único responsável por transmitir o saber – não menos importantes quando tratamos de história – já deixaram de ser abordadas quando tratamos dessas novas tecnologias, por isso, não descreverei sobre elas aqui.

Com a Educação 3.0 que passa a incorporar a internet no ensino, as novas possibilidades de aprender despertam um aluno cada vez mais participativo, que indaga, aponta e realmente é ativo no seu desenvolvimento; esse novo "despertar" está aliado ao progresso da globalização, às necessidades de aplicação das metodologias ágeis a projetos tanto educacionais quanto corporativos.

Aprender, além de suas importâncias pontuais para cada indivíduo, torna-se também cada vez mais urgente, as capacitações rápidas ganham notoriedade, assim como cursos de assuntos diversos são cada vez mais oferecidos de forma gratuita para quem deseja obter novas competências, ensinar virou negócio e o que muitos educadores temiam já é realidade: o aluno virou cliente.

Com isso, o aluno atual também é o indivíduo ideal para as práticas de DI, pois ele questiona se a sua participação é efetiva para o desenvolvimento da sociedade, não somente ao seu redor, mas a nível global, é um ser empático, pensante em como o que aprende poderá ter influência no todo. Vale-se ao DI se utilizar dessas novas abordagens na educação, com ferramentas que ajudem esse novo perfil de aluno a transcender os planos de ensino, a fim de dar apoio para ele melhorar o que já existe e também trazer novos horizontes às nossas práticas.

Aqui, a Educação 3.0 tira o docente do centro do espaço, propicia o compartilhamento, a colaboração acadêmica e desperta para a Educação 4.0, cuja essência é a cultura *maker*, que dá ao aluno as ferramentas para "colocar a mão na massa" executando a teoria ao mesmo tempo em que aprende. É importante ressaltar que nenhum modelo se exclui completamente, mas se complementam;

> [...] aluno passa a viver a experiência da aprendizagem por meio de projetos colaborativos, nos quais os professores e colegas atuam juntos. Os recursos disponíveis na escola passam a ser usados de maneira criativa e novas estratégias são baseadas nas metodologias ativas para as atividades em sala de aula. (TINO, 2019 *apud* ANDRADE, 2017, p. 4)

Neste modelo, as práticas de DI estão atentas à experimentação, e através dela que encontraremos o uso do metaverso, programação, inteligência artificial, realidades expansivas, internet das coisas etc., nesta seara encontramos o DI 4.0 que explora as estratégias instrucionais centradas no aluno:

> Trata-se de um DI voltado a colocar em prática formas totalmente novas de planejar, mediar e avaliar a aprendizagem, um DI (cri)ativo, ágil, imersivo e analítico. De forma mais estruturada, podemos dizer que o DI 4.0 é um processo intencional e sistemático de incorporar inovações às ações de analisar, projetar, desenvolver, implementar e avaliar soluções educacionais, tendo como premissa básica a centralidade na pessoa. (FILATRO, 2019, p. 91)

É esse DI 4.0 que desperta um olhar para as áreas de UX (*User Experience*) e LXD (*Learning Experience Design*), que já estão cada vez mais se inserindo no *Design* Instrucional, nos auxiliando ainda a visualizar também nossa atuação na Educação 5.0, que acrescenta aos modelos educacionais as habilidades socioemocionais, afinal, diante de tanta tecnologia, para que o aluno se torne de fato um ser transformador do ambiente em que vive ele precisa de competências sociais desenvolvidas, compreender quem é o outro, quem sofrerá a ação das tantas tecnologias criadas.

A Educação 5.0, segundo Tino (2019), propõe a união e a valorização do aluno quanto ao seu bem-estar, suas habilidades cognitivas e sua consciência socioambiental, tais requisitos foram potencializados pós-pandemia do coronavírus, quando globalmente despertamos para as necessidades comportamentais humanas que cercam – ou deviam – os ambientes digitais, quando as ações executadas durante a aprendizagem devem elencar os problemas sociais, traduzindo as certificações em soluções reais para a sociedade.

18.2 INTELIGÊNCIA ARTIFICIAL

Nesse âmbito de criação ativa pelo aluno, o DI explora situações-problema nas projeções de ensino, elas trazem o aprendiz mais próximo à sua própria realidade, propostas de realidade virtual, aumentada e metaverso podem ser trabalhadas tanto como produções maiores, com maior investimento quanto apenas ao uso de seus recursos mais simples, assim como foi com a implementação da gamificação no ensino, até hoje, instituições fazem maior uso dos elementos desse recurso do que do uso geral de um jogo completo, por exemplo.

A Inteligência Artificial (IA) refere-se às execuções de tarefas complexas humanas realizadas por máquinas, é um ramo de estudo da ciência da computação, no *Design* Instrucional caracteriza-se pelo conjunto de técnicas que expõem ao aluno maior proximidade à realidade que ele encontrará no pós-aprendizado. Ligados à IA encontramos a Aprendizagem Adaptativa, o *Big Data*, *Machine Learning* (Aprendizado de Máquina) etc.

18.2.1 Aprendizagem Adaptativa

Com o apoio de IA, esse modelo atua nas trilhas de aprendizagem, por exemplo, a fim de oferecer aos alunos o melhor trajeto para o que se quer aprender, tal personalização tem foco nas necessidades individuais. A Escola Conquer, por exemplo, faz uso de pesquisa diagnóstica para identificar as *soft skills* que o aluno assinante precisa desenvolver e, assim, cria uma trilha personalizada:

Exemplo de uso da aprendizagem adaptativa da Escola Conquer

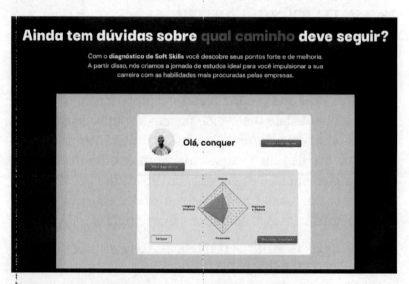

Fonte: Plataforma Conquer Plus. Disponível em: https://conquer.plus Acesso em ago./2022.

Esse uso de IA foca nos objetivos do estudante, atendendo às necessidades de aprendizado rápido.

18.2.2 *Big Data*

Com todas essas inovações tecnológicas, os dados tendem também a crescer, assim surge o *Big Data*, como forma de tratamento dos dados além da simples compilação, ele fornece detalhamento das informações para que o professor possa compreender o perfil do estudante durante e depois do aprendizado, e atuar pontualmente nas necessidades. Para o *Designer* Instrucional torna-se mais assertiva as melhorias e atualizações nos projetos, oportunizando modelar um programa conforme o perfil também muda de uma turma para a outra, por exemplo, sem ter que criar um novo curso do zero.

O *Learning Analytics* pode fornecer ao DI informações como progresso do estudante nas mídias que compõem o curso, o que facilita identificar em qual delas o usuário permaneceu até o fim ou abandonou em pouco tempo de visualização, por exemplo. Outras formas relevantes de encontrar a aplicação de LA são na identificação da evasão dos estudantes na EAD ou quais competências tiveram maior ou menor destaque em uma redação de Língua Portuguesa, assim como outras infinidades de aplicação para identificar o desempenho educacional dos alunos.

18.2.3 *Machine Learning*

O aprendizado de máquina como seu nome sugere ensina a um sistema sobre o desenvolvimento do usuário em determinado assunto, com base em algoritmos ele reconhece e conduz o estudante ao aprendizado. Exemplo disso são as redes sociais quando começam a nos indicar conteúdos similares à pesquisa realizada de algum termo em sites de busca. Na educação pode-se encontrar o ML em ambientes colaborativos de aprendizado de idiomas, quando diversos usuários, por exemplo, interagem na tradução de um texto.

18.3 REALIDADE VIRTUAL E AUMENTADA

Quando trazemos o tema Realidade Virtual (RV) à tona, ainda caímos na falsa impressão de ser algo futurístico, distante de nossa realidade, mas o jargão "o futuro é agora" cabe às novas tecnologias, ela já vem sendo aplicada às metodologias de ensino, e vai muito além dos games, o que engatinhamos ainda se refere às implementações completas e mais robustas de inteligência artificial no meio educacional, mas elas não deixam de ser promissoras.

Exemplo disso é sua aplicação em cursos da área de Saúde, no Brasil a empresa MedRoom já comercializa VR (*Virtual Reality*) para auxiliar no aprendizado de anatomia humana em Instituições de Ensino Superior (IES), propiciando aos alunos e professores uma visualização mais detalhada dos órgãos, em comparação ao que se oferece na literatura impressa ou tecnologias 2D.

Tecnologia de RV da MedRoom

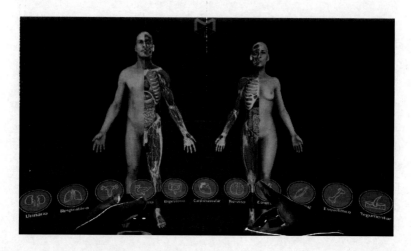